总需求不足下的经济
增长与周期模型

Model of Economic Growth and Cycle
under Insufficient Aggregate Demand

白瑞雪　白暴力　著

中国财经出版传媒集团

经济科学出版社
Economic Science Press
·北京·

图书在版编目（CIP）数据

总需求不足下的经济增长与周期模型／白瑞雪，白暴力著. -- 北京：经济科学出版社，2025. 3. -- ISBN 978 - 7 - 5218 - 6627 - 8

Ⅰ. F124. 8

中国国家版本馆 CIP 数据核字第 2025XV9073 号

责任编辑：李晓杰
责任校对：李　建
责任印制：张佳裕

总需求不足下的经济增长与周期模型
ZONGXUQIU BUZUXIA DE JINGJI ZENGZHANG YU ZHOUQI MOXING
白瑞雪　白暴力　著
经济科学出版社出版、发行　新华书店经销
社址：北京市海淀区阜成路甲 28 号　邮编：100142
教材分社电话：010 - 88191645　发行部电话：010 - 88191522
网址：www. esp. com. cn
电子邮箱：lxj8623160@ 163. com
天猫网店：经济科学出版社旗舰店
网址：http：// jjkxcbs. tmall. com
北京季蜂印刷有限公司印装
710 × 1000　16 开　10. 5 印张　140000 字
2025 年 3 月第 1 版　2025 年 3 月第 1 次印刷
ISBN 978 - 7 - 5218 - 6627 - 8　定价：46. 00 元
（图书出现印装问题，本社负责调换。电话：010 - 88191545）
（版权所有　侵权必究　打击盗版　举报热线：010 - 88191661
QQ：2242791300　营销中心电话：010 - 88191537
电子邮箱：dbts@ esp. com. cn）

前　言

习近平总书记指出："用马克思主义之'矢'去射新时代中国之'的'，"[1] 解决社会主义经济建设中的现实问题，正是马克思主义经济理论强大生命力的展现。本书的研究主题在于，在马克思经济理论基础上研究总需求不足下的经济增长与周期性波动，建立相应的经济增长与周期模型，并提出相应的解决原理。马克思主义经济学说是科学的经济理论，为解决社会主义经济建设中的现实问题提供了理论基础。

总需求不足是市场经济中的一个重大系统性基础问题，影响着社会经济生活的各个方面，同样也影响着经济增长与经济周期。在社会主义市场经济中经济增长与周期性波动，也是在总需求不足基础上发生的，这就是总需求不足下的经济增长与周期性波动，因此，经济增长与周期的讨论必须以总需求不足作为前提。本书在马克思经济理论基础上研究总需求不足下的经济增长与周期性波动，建立了相应的经济增长与周期模型，并提出相应的解决原理。

本书大量使用数学方法，构建了一系列函数和模型作为研究和表述工具。例如，总供给函数、总需求函数和需求缺口函数等。需要说明的是，一个函数的特定具体形式和特定的自变量，取决于研究工作相应的

---

① 继续把党史总结学习教育宣传引向深入　更好把握和运用党的百年奋斗历史经验 [N]．人民日报，2022 - 1 - 12（01）．

特定内容。不同研究工作的特定内容，会对应于不同的函数形式和自变量。没有千篇一律的函数形式和自变量。因此，对于不同的研究内容，总供给函数、总需求函数和需求缺口函数等，需要有不同的函数形式和自变量。

本书具有以下重要特点。首先，是一般理论（General Theory），是以马克思经济理论为基础的超越相关特殊理论的一般理论；其次，是系统的理论（Systemic Theory），不仅是对于总需求不足下的经济增长与周期性波动的系统分析，而且是以总需求不足为切入点，对整个社会经济运行的系统分析。

在结构上，本书是一个循序渐进的叙述过程，也是从抽象到具体、从简单到复杂的逻辑过程。由四篇组成。第一篇（第一章）确定了总需求不足的内涵及其技术指标：总需求缺口，指出总需求缺口等于总供给与总需求之间的差。第二篇（第二章）导出了总供给函数，并且从总供给方面讨论了总需求缺口，得出了研究总需求不足的 AS 模型。第三篇（第三章到第五章）导出了总需求函数，并且从总需求方面讨论了总需求缺口，得出了研究总需求不足的 AD 模型。第四篇（第六章和第七章）将总供给与总需求综合讨论总需求缺口，得出研究总需求不足的 AS－AD 模型，并在此基础上，构建经济增长与周期模型。其中，第六章是静态分析，假定各种经济行为是同时发生的，不考虑生产规模形成滞后期和预期的形成，构建相应的总需求不足模型，主要研究的是形成和影响总需求缺口的因素作用以及总需求不足的治理原理。第七章是动态分析，考虑到生产规模形成滞后期和预期的形成，在总需求不足的动态分析基础上，构建经济增长与周期模型，主要研究的是总需求不足状态下经济的周期性波动和稳定性。

白瑞雪　白暴力
2024 年 11 月 7 日于北京师范大学海纳轩

目录

contents

>   >   >   >   >   >

第一篇　总需求不足的内涵与研究工具

第二篇　总供给函数：总需求缺口分析的 AS 模型

第四篇　总需求不足与经济增长和周期模型：总需求缺口 AS－AD 模型基础上的静态和动态分析

第一篇

总需求不足的内涵与研究工具

要科学地研究总需求不足，首先，必须确定什么是总需求不足，也就是确定总需求不足范畴的内涵；其次，明确怎样度量总需求不足，也就是明确度量总需求不足的技术指标；最后，确定用什么方法研究总需求不足，也就是确定研究总需求不足的工具。这就是本篇（第一章）所要做的工作。

第一章

总需求不足的内涵、技术指标与函数

一、总需求不足的内涵[①]

要准确有效地研究总需求不足，必须明确总需求不足的内涵。需求不足一词，初看起来，是一个绝对量。在研究中，人们也常常把它作为一个孤立的绝对量来研究。但是，实际上，总需求不足是一个相对量。明确这一点，对于研究与解决总需求不足问题有着至关重要的意义。否则，就会南辕北辙。同时，要准确地研究总需求不足，还必须区别名义总需求和实际总需求，明确研究中的总需求是实际需求；必须区别凯恩斯的有效需求不足与马克思主义的总需求不足，明确研究中的总需求不足是马克思主义的总需求不足，而不是凯恩斯的有效需求不足。

（一）总需求不足是指社会总需求相对不足

社会总需求（简称为总需求）分为绝对社会总需求（简称为绝

---

① 白瑞雪，白暴力．马克思宏观经济系统模型［M］．北京：经济科学出版社，2018：30 - 34.

对总需求）和相对社会总需求（简称为相对总需求）两个类别。绝对总需求是指总需求的数量，相对总需求是指与社会总供给（简称为总供给）相对而言的总需求。经济学中讨论的总需求通常是指相对总需求，讨论的总需求不足是指相对总需求不足，或称总需求相对不足。

绝对总需求在数量上与社会总产品数量即总供给无关，是一个独立的量。相对总需求则是相对于社会总产品数量即总供给而言的量，总需求相对不足不是指总需求绝对数量大小，而是指总需求相对于总供给偏小，在数量上小于总供给。总需求相对不足的另一个同义表现就是总供给过剩，或者说生产过剩。马克思主义经济理论指出：生产过剩不是绝对的，而是相对生产过剩，是生产超过有支付能力的需求，也就是有支付能力的社会需求小于社会生产的产品量，或者说就是社会总需求小于社会总供给。马克思指出："商品的过剩总是相对的"①，"……普遍性的（相对的）生产过剩。一方面，是再生产的一切条件出现过剩，各种各样卖不出去的商品充斥市场；另一方面，是资本家遭到破产，工人群众忍饥挨饿，一贫如洗。"② 与相对生产过剩相伴随的是有支付能力的总需求不足，同时也是相对于总供给的总需求不足，各种各样卖不出去的商品充斥市场，就是总需求相对不足。因此，当经济学讨论总需求不足时，实际上不是指绝对总需求量小，不是指总需求的绝对不足，而是指总需求的相对不足。这就是总需求不足的内涵。

图1-1-1说明了上述状况。图1-1-1（a）中，总需求的绝对量相等，图1-1-1（b）中的总供给小于总需求，是总需求过高。图1-1-1（c）中，总供给高于总需求，是总需求不足。

---

① 马克思恩格斯全集：第26卷［M］．北京：人民出版社，1975：576-577．
② 马克思恩格斯全集：第26卷［M］．北京：人民出版社，1975：597-598．

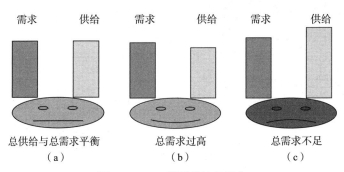

图1－1－1　总需求情况示意

（二）名义总需求与实际总需求：经济学研究的是实际总需求

需要进一步说明的是：在经济学中，所谓总需求往往是指实际总需求，而不是名义总需求。

以名义货币数量显示的购买力，形成对社会总产品的名义总需求。名义总需求只表示与社会总产品相对应的货币数量，而不表示社会对社会总产品的需求量。

社会对社会总产品的需求量是实际总需求。实际总需求，在实物形式上，由对构成社会总产品的各种产品的实物量的需求来表示；在价格形式上，则由对这些产品的实际需求量的以不变价格计算的价格总和来表示。实际总需求是以这些产品的数量表示的购买力，或者说，就是对实物的购买量。

经济学研究的总需求，实际上就是实际总需求。

名义总需求和实际总需求是两个不同的范畴，有时甚至出现相反的运动。当其他条件不变时，如果出现主动性纸币膨胀，名义总需求就会增加，但是，如果由此形成的物价总水平上涨率高于纸币增长率①，即

---

① 这是因为，当主动性纸币膨胀导致物价总水平上涨时，人们会加快购物的节奏，货币流通速度会加快，从而导致物价总水平更大幅度的上涨和货币更大幅度的贬值。

$$\hat{P}_s \left(= \frac{\dfrac{\mathrm{d}P_s}{\mathrm{d}t}}{P_s} \right) > \hat{M} \left(= \frac{\dfrac{\mathrm{d}M}{\mathrm{d}t}}{M} \right)$$

那么，实际总需求就会下降。

例如：在国民党统治时期的旧中国。据记载：1937～1949年，国民党政府通过大量发行纸币来筹措资金，纸币发行额增加了1400多亿倍，而物价上涨了85000多亿倍[1]（另一说为1261万亿倍[2]）。1942年3月重庆物价较战前增加34倍，而同期工人工资则仅增加5倍，工人实际工资收入已比战前降低80%。天津启新洋灰公司工人的实际工资，令以1936年7月到1937年6月为100（基数），1946年已降为26.47，1947年4月又降为20.34，1948年4月降为17.14，同年9月更降为14.77。上海主要纱厂工人平均每人每月货币工资收入可购米数：1936年为一石四斗八升，1939年降为一石零五升，1943年仅为三斗二升，工人工资收入只能喝粥糊口。[3] 由工人的工资形成的实际总需求大幅度下降。

这里，可以清楚地看到，主动性纸币膨胀导致名义总需求大幅度增加，但是，由此产生的物价总水平上涨率远高于纸币膨胀率，因此导致实际收入下降，进而导致实际总需求下降。

名义总需求是一个货币概念，表达的是货币数量，而实际总需求表达的才是社会对社会总产品的需求量，经济学中研究的总需求概念是实际总需求，而不是名义总需求。

现代西方经济学，区分了"货币因素引起的总需求变化"与"实际因素引起的总需求变化"两种情况，在一定程度上认识到了上述问题。但是，西方经济学将两者最终都统一到"总需求"的范畴之下，

---

① 徐禾. 政治经济学概论［M］. 北京：人民出版社，1975：47.
② 唐·帕尔伯尔. 通货膨胀的历史与分析［M］. 北京：中国发展出版社，1998：106.
③ 刘涤源. 反通货膨胀论［M］. 广州：广东人民出版社，1992：291.

这就混淆了两者的本质区别，不利于对问题的深入研究。

在总需求与总需求不足范畴上，研究的不是名义总需求，而是实际总需求。

（三）　总需求不足与凯恩斯的"有效需求不足"的区别

凯恩斯的"有效需求不足"经常与总需求不足相混淆，实际上，两者是有重要差别的。马克思主义的"总需求不足"和凯恩斯"有效需求不足"的根本区别在于：马克思认为在资本主义社会总供给和总需求常常是不均衡的，经济是失衡的，总需求往往小于总供给，存在"总需求缺口"，因此，存在相对生产过剩；而凯恩斯认为总供给和总需求是均衡的，是相等的，但是，均衡值与潜在的生产能力之间有差距，也就是与生产要素的存量之间有差距，这个差距就是所谓"失业缺口"。

1. 凯恩斯的"有效需求不足"

凯恩斯关于"有效需求不足"的基本思路可以表达如下。

假设：

$$总供给函数\ S = S(x,\ y,\ \cdots)$$
$$总需求函数\ D = D(x,\ y,\ \cdots)$$

当绝对总需求与绝对总供给相等时，即满足条件：

$$D(x,\ y,\ \cdots) = S(x,\ y,\ \cdots)$$

时的总需求是均衡总需求，也就是有效需求，即均衡需求，这时，总供给和总需求是相等的，市场是出清的。

只有满足总供给和总需求相等这个条件的自变量 $(x,\ y,\ \cdots)$ 变化所引起的需求量的增长才是有效需求的增长，不满足这个条件的自变量 $(x,\ y,\ \cdots)$ 变化所引起的绝对需求量的增长就不是有效需求的增长。也就是，只有在总供给和总需求相等这个条件约束下自变量所引起的需求量的变化，这才是有效需求的变化。

有效需求对应的均衡条件下的有效供给，是实际被使用的资源数量所产生的供给。潜在供给则是可利用的资源数量所能产生的供给，也称为"充分就业供给"。当有效需求（等于有效供给）小于充分就业供给时，就称为有效需求不足。充分就业供给与有效需求（等于有效供给）之差是未被使用的资源所能生产的潜在供给，表明了未能使用的资源状况，称为"失业缺口"。失业缺口表现了有效需求不足。

以上关系可用"图1-1-2"来近似表示。

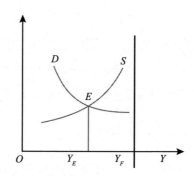

图1-1-2　凯恩斯的"有效需求不足"示意

图1-1-2中，E 点是均衡点，在这点上总供给与总需求相等，等于均衡国民收入 Y_E；Y_F 是潜在国民收入即充分就业国民收入，也就是潜在总供给。$Y_E < Y_F$ 表示有效需求不足，Y_F 与 Y_E 的差就是失业缺口，表示有效需求不足的数量。凯恩斯的"有效需求"也是相对的，是相对于充分就业总需求而言的（$Y_E < Y_F$），不是绝对的。

2. 马克思主义的"总需求不足"的近似表达

为了便于比较，借用"图1-1-2"的形式，用"图1-1-3"来表示总需求不足。虽然，这种图不能完全准确地表达马克思主义的"总需求不足"，但是，方便与凯恩斯的"有效需求不足"进行比较。

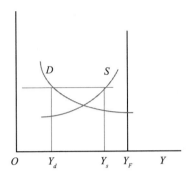

图 1 - 1 - 3 马克思主义的"总需求不足"的近似表达

图 1 - 1 - 3 中，Y_d 是市场总需求，Y_s 是市场总供给，总需求小于总供给；Y_s 与 Y_d 之间的距离是总需求缺口，表达了总需求不足，同时也表达了相对生产过剩。

3. 总需求不足与凯恩斯有效需求不足区别总结

在凯恩斯那里，总供给和总需求是相等的，形成有效需求，其与充分就业国民收入之间的缺口形成"失业缺口"。但是，凯恩斯的有效需求不足理论与市场实际是有距离的，因为，在资本主义市场经济中，特别是资本主义经济危机期间，出现的是生产过剩，总需求小于总供给，产品卖不出去，各种各样卖不出去的商品充斥市场，总供给和总需求是不相等的，是失衡的。凯恩斯模型解释不了这个问题，需要说明的是，实际上，凯恩斯模型的重点是讨论需求不足与失业和经济危机之间的关系，试图解决失业问题。

马克思主义的总需求不足理论，要比凯恩斯模型更符合实际，科学客观地认识到市场经济中总需求小于总供给、供求失衡的经济现象，并且对总需求不足给予了科学分析，得出了正确的结论，不仅说明了失业问题，而且说明了生产相对过剩的问题。

二、总需求不足的研究工具

在明确了什么是总需求不足后，也就是确定总需求不足范畴的内涵后，需要明确怎样研究总需求不足，需要确定研究总需求的相关工具。首先，要明确度量总需求不足的技术指标，只有明确了度量总需求不足的技术指标，才能在数量上表达总需求不足。其次，需要确定研究总需求不足的函数形式，即总需求缺口函数，只有确定了总需求缺口函数，才能在数量上分析总需求不足。

（一）总需求不足的技术指标：总需求缺口

要研究总需求不足，就需要有技术指标来具体表达总需求不足的数量。根据研究的需要，可以用不同的技术指标在数量上表达总需求不足。下面说明几种度量总需求不足的技术指标。

第一，总需求缺口。总需求不足在数量上可以用总需求缺口来表达，总需求缺口是指绝对总供给减去绝对总需求的差，表示总需求不足的数量。用 S 表示绝对总供给，D 表示绝对总需求，总需求缺口可以表达为：

$$E_d = S - D \qquad (1-2-1)$$

当：

$$E_d > 0 \qquad (1-2-1a)$$

时，总需求小于总供给，也就是总需求不足。当：

$$E_d = 0 \qquad (1-2-1b)$$

时，总需求与总供给相等。当：

$$E_d < 0 \qquad\qquad (1-2-1c)$$

时，总需求大于总供给，总需求过多。

第二，总需求缺口率。总需求不足还可以用总需求缺口与绝对总供给的比率来表达：

$$\varepsilon_d = \frac{E_d}{S} \times 100\% \qquad\qquad (1-2-2)$$

这就是总需求缺口率，表示总需求不足的比率。

当：

$$\varepsilon_d > 0$$

时，总需求不足，总需求小于总供给。当：

$$\varepsilon_d = 0$$

时，总需求与总供给相等。当：

$$\varepsilon_d < 0$$

时，总需求大于总供给，总需求过多。

第三，总需求—供给率。总需求不足也可以用绝对总需求与绝对总供给的比率的百分数来表达：

$$e_d = \frac{D}{S} \times 100\% \qquad\qquad (1-2-3)$$

这就是总需求—供给率。

当：

$$e_d < 100\% \ (=1)$$

时，总需求小于总供给，总需求不足。当：

$$e_d = 100\% \ (=1)$$

时，总需求与总供给相等。当：

$$e_d > 100\% \ (=1)$$

时，总需求大于总供给，总需求过多。

这三个技术指标各有其特点，适用于不同研究对象的需要，可用于不同的研究场合。根据本书研究的需要，下面使用总需求缺口 E_d 作为在数量上度量总需求不足的技术指标。[①]

（二）总需求不足的函数形式：总需求缺口函数

在总需求不足的技术指标基础上，可以建立总需求不足函数，作为分析工具，来研究影响总需求不足的因素和总需求不足的变化趋势。

既然总需求缺口等于绝对总供给与绝对总需求的差，那么，首先就需要设立绝对总供给函数：

$$S = S(x, y, \cdots) \tag{1-2-4}$$

等号左边的 S 是绝对总供给量，等号右边的 S 是函数符号，括号中的自变量 x，y 等是影响绝对总供给量的因素。

影响总供给的各个因素不仅影响着绝对总供给量，而且同时也影响着绝对总需求量。因此，可以设立绝对总需求函数：

$$D = D(x, y, \cdots) \tag{1-2-5}$$

等号左边的 D 是绝对总需求量，等号右边的 D 是函数符号。

同样的因素既影响着绝对总供给量，也影响着绝对总需求量，只是它们的函数关系不同。由此，可以得到总需求缺口函数：

$$E_d = S(x, y, \cdots) - D(x, y, \cdots) \tag{1-2-6}$$

也可以写为：

$$E_d = E_d(x, y, \cdots) \tag{1-2-6a}$$

等号左边的 E_d 是总需求缺口量，等号右边的 E_d 是函数符号。

---

① 这里的总需求缺口与凯恩斯的失业缺口和需求缺口是有区别的。这里的总需求缺口是在总供求失衡下绝对总供给与绝对总需求的差额。凯恩斯的失业缺口和需求缺口，则是在总供求平衡下均衡产出量（也就是有效需求）和均衡就业量与充分就业产出量和就业量的差额。资本主义经济现实是生产相对过剩，供给大于需求，在危机期间大量产品卖不出去，因此，凯恩斯经济学是脱离实际的。但是，凯恩斯讨论需求不足与失业和经济危机之间的关系，则是积极的。

　　有了绝对总供给函数、绝对总需求函数和总需求缺口函数，就可以讨论影响绝对总供给、绝对总需求和总需求缺口的因素与发展趋势，就可以讨论：当自变量 x，y，$\cdots$ 变化时，同一自变量变化分别同时引起的绝对总需求 $D(x, y, \cdots)$ 与绝对总供给 $S(x, y, \cdots)$ 的变化，以及由此产生的需求缺口 $E_d = S(x, y, \cdots) - D(x, y, \cdots)$ 的变化。

　　这里，仅表明了总供给函数、总需求函数和需求缺口函数的一般形式和一般自变量。但是，一个函数的特定具体形式和特定的自变量，则取决于研究工作相应的特定内容。不同研究工作的特定内容，会对应于不同的函数形式和自变量。因此，对于不同的研究内容，总供给函数、总需求函数和需求缺口函数需要有不同的函数形式和自变量。没有千篇一律的函数形式和自变量。

　　社会经济发展主要表现在两个方面：第一，劳动生产率的提高；第二，社会生产规模的扩大。本书重点研究社会经济发展中有效需求不足的变化，具体地，劳动生产率增长和生产规模扩大引起的绝对总需求与绝对总供给的变化，以及由此产生的总需求缺口的变化。因此，本书选用劳动生产率和生产规模作为自变量以及相对应的各个函数形式。生产规模可以用劳动者人数（就业量）和资本量分别来度量，所以，本书往往选用劳动生产率、劳动者人数（就业量）和资本数量作为自变量以及相对应的各个函数形式。

第二篇

总供给函数：总需求缺口分析的AS模型

　　在马克思经济理论基础上，本篇构建总供给函数，总供给函数是一个复合函数。首先，建立基础总供给函数，即以社会生产规模和劳动生产率为自变量的总供给函数；其次，在此基础上，从马克思劳动生产率理论和投资与利润率理论出发，分别建立以劳动生产率作为函数的总供给函数和社会生产规模作为利润率函数的总供给函数；最后，综合以上两个方面构建统一总供给函数，并从总供给方面讨论总需求不足，建立总需求缺口分析的 AS 模型。总供给函数在现实经济分析和宏观经济决策上具有重要的作用。

第二章

总供给函数：以劳动生产率
和社会生产规模为自变量

一、基础总供给函数：以社会生产规模
和劳动生产率为自变量的总供给函数

　　总供给直接取决于社会生产规模和社会劳动生产率。因此，首先，建立以社会生产规模和社会劳动生产率为自变量的总供给函数①，为总供给函数的进一步构建建立基础，因此，称之为基础总供给函数。其次，社会生产规模没有单一的表达形式，可以用资本量来表达，也可以用劳动者人数（就业量）来表达。假定一个抽象的社会生产规模表达形式来建立基础总供给函数，称之为一般基础总供给函数，分别以资本量和劳动者人数（就业量）衡量社会生产规模来建立相关的具体基础总供给函数。

---

　　① 一个函数的特定形式，取决于研究工作相应的特定内容。不同研究工作的特定内容，会对应于不同的函数形式。因此，对于不同的研究内容，总供给函数会有不同的形式。

（一）一般基础总供给函数

用 S 表示社会总产出量，也就是社会总供给量，L 表示劳动者人数，也就是总就业量，用：

$$f = \frac{S}{L} \qquad\qquad (2-1-1)$$

表示社会劳动生产率，即单位劳动者生产的产出量，用 A 表示社会生产规模，则一般基础总供给函数可以写为：

$$S = S(A,\ f) \qquad\qquad (2-1-2)$$

假定价格不变，即固定价格①，在正常生产区间，有：

$$\frac{\partial S}{\partial A} > 0;\ \frac{\partial S}{\partial f} > 0 \qquad\qquad (2-1-3)$$

即，供给量与生产规模和劳动生产率正向相关，随着生产规模的扩大和劳动生产率的提高会增加②。

定义：

$$f_A = \frac{S}{A} \qquad\qquad (2-1-4)$$

为社会生产规模产出率，则有：

$$S = f_A A \qquad\qquad (2-1-5)$$

因为社会生产规模产出率 f_A 是劳动生产率 f 的函数，即：

$$f_A = f_A(f) \qquad\qquad (2-1-6)$$

等号左边的 f_A 是社会生产规模产出率的量，等号右边的 f_A 是函数符号。在假定劳动生产率以外的其他因素不变的条件下，有：

$$f_A = \alpha_l f \qquad\qquad (2-1-7)$$

---

① 假定价格不变，固定价格，S 表达的是实际产出量，也就是实际供给。
② 产出量（供给量）的一价偏导，也就是所谓的边际产品，在不同区间的表现，这里不进行讨论，在以后的论著中将专门研究。

其中：

$$\alpha_l = \frac{f_A}{f} \qquad (2-1-8)$$

是社会生产规模产出率与劳动生产率的比例，假定其为常系数。将（2-1-7）式代入（2-1-5）式，有：

$$S = \alpha_l f A \qquad (2-1-9)$$

这就是一般基础总供给函数。

（二）用劳动者人数（就业人数）衡量社会生产规模的基础总供给函数

1. 用劳动者人数（就业量）衡量社会生产规模

用劳动者人数（就业量）L 衡量社会生产规模，则有：

$$A = L \qquad (2-1-10)$$

将（2-1-1）式和（2-1-4）式代入（2-1-8）式，得：

$$\alpha_l = \frac{f_A}{f} = \frac{\dfrac{S}{A}}{\dfrac{S}{L}} = \frac{L}{A} \qquad (2-1-11)$$

也是单位社会生产规模的劳动者人数，也可称为社会生产规模的劳动者系数。

将（2-1-10）式代入（2-1-11）式，得：

$$\alpha_l = \frac{L}{A} = \frac{L}{L} = 1 \qquad (2-1-12)$$

将（2-1-12）式和（2-1-10）式代入一般基础总供给函数（2-1-9）式，得：

$$S = f L \qquad (2-1-13)$$

即，总供给等于劳动者人数和劳动生产率的乘积。[①]（2 - 1 - 13）式是以劳动人数衡量社会生产规模的基础总供给函数。在正常生产区间，有：

$$\frac{\partial S}{\partial L} > 0；\frac{\partial S}{\partial f} > 0 \qquad (2-1-14)$$

2. 以劳动时间衡量社会生产规模

用 T_L 表示社会总活劳动时间，用：

$$t_l = \frac{T_L}{L} \qquad (2-1-15)$$

表示平均单个劳动者的劳动时间，则有：

$$T_L = t_l L \qquad (2-1-16)$$

$$L = \frac{1}{t_l} T_L \qquad (2-1-17)$$

将（2 - 1 - 17）式代入以劳动人数衡量社会生产规模的基础总供给函数（2 - 1 - 13）式，则有：

$$S = \frac{1}{t_l} f T_L \qquad (2-1-18)$$

（2 - 1 - 18）式是以劳动时间衡量社会生产规模的基础总供给函数，它是以劳动人数衡量社会生产规模的基础总供给函数的一种转化形式。

3. 两者表示同一函数关系

（2 - 1 - 18）式是从（2 - 1 - 13）式推导而来的，因此，以劳动

---

① 虽然，从（2 - 1 - 1）式

$$f = \frac{S}{L}$$

也可以得出同样的结论

$$S = fL$$

但是，正文中的推导，明确地表达了用劳动者人数衡量社会生产规模的结论。

时间衡量社会生产规模的基础总供给函数与劳动者人数衡量社会生产规模的基础总供给函数表示同一函数关系。

根据（2 – 1 – 15）式和（2 – 1 – 1）式，有：

$$\frac{1}{t_l}f = \frac{L}{T_l}\frac{S}{L} = \frac{S}{T_l} = f_t \qquad (2-1-19)$$

f_t 是劳动单位时间的产出量，即用劳动时间表示的劳动生产率。将（2 – 1 – 19）式代入（2 – 1 – 18）式，得：

$$S = f_t T_L \qquad (2-1-20)$$

（2 – 1 – 20）式是以劳动时间衡量社会生产规模的基础总供给函数另一种表达形式。

将（2 – 1 – 16）式代入（2 – 1 – 20）式，得：

$$S = f_t T_L = f_t t_l L \qquad (2-1-21)$$

可见，总供给 S 对社会总劳动时间 T_L 和劳动者人数 L 两者的函数关系线性相关。因此，以劳动时间衡量社会生产规模的基础总供给函数与劳动者人数衡量社会生产规模的基础总供给函数表示同一函数关系。本书选用劳动者人数衡量社会生产规模的基础总供给函数。在讨论价值量的时候，则会选用劳动时间衡量社会生产规模的基础总供给函数。

（三）以资本数量衡量社会生产规模的基础总供给函数

用资本量（K）衡量生产规模，则有：

$$A = K$$

将其代入一般基础总供给函数（2 – 1 – 9）式，得：

$$S = \alpha_l f K \qquad (2-1-22)$$

（2 – 1 – 22）式是以资本数量衡量社会生产规模的基础总供给函数。在正常生产区间，有：

$$\frac{\partial S}{\partial K} > 0 \; ; \quad \frac{\partial S}{\partial f} > 0 \qquad (2-1-23)$$

在以上基础总供给函数的基础上，从马克思经济理论出发，可以在更深入的层次上构建总供给函数。

二、劳动生产率作为函数的总供给函数

上面，将劳动生产率（f）作为总供给函数的自变量，然而，正如马克思所指出的，劳动生产率（f）也是由诸多因素所决定的，是诸多因素的函数。将劳动生产率作为函数，可以在更深的层次上构建总供给函数。

（一）劳动生产率函数[①]

在《资本论》第一卷中，关于劳动生产率的决定因素，马克思指出："劳动生产率是由多种情况决定的，其中包括：工人的平均熟练程度，科学的发展水平和它在工艺上应用的程度，生产过程的社会结合，生产资料的规模和效能，以及自然条件。"[②] 上述内容的科学在工艺上的应用和生产资料的效能也就是生产的技术状态，生产过程的社会结合也就是管理，生产资料的规模和自然条件相当于西方经济学中的资本和土地。所以，可以说劳动生产率的决定因素有：第一，劳动者的熟练程度；第二，生产资料（包括劳动手段和劳动对象，或西方经济学的资本和土地）的数量；第三，管理水平；第四，科学的状态；第五，技术状态。

根据上述马克思的论述，用 a 表示劳动者的熟练程度，向量 $\vec{x} = (x_1, x_2, \cdots, x_n)$ 表示 n 种生产资料的数量，g 表示管理水平，s 表示

---

① 白暴力. 劳动生产率与科学、技术、管理等在生产中的作用 [J]. 教学与研究，2003（1）：69 – 70.

② 马克思恩格斯全集：第 23 卷 [M]. 北京：人民出版社，1972：53.

科学的状态，t 表示技术状态，可以写出劳动生产率函数：

$$f = f(a, \vec{x}, g, s, t) \qquad (2-2-1)$$

（2-2-1）式表明劳动生产率是劳动者的熟练程度、生产中所使用的生产资料的数量、厂商的管理水平、科学发展水平以及技术状态等变量的函数，这些变量的变动会导致劳动生产率变化。[①]

（二）劳动生产率作为函数的总供给函数

将劳动生产率函数（2-2-1）式分别代入上面的各个总供给函数（2-1-9）式、（2-1-13）式、（2-1-18）式和（2-1-22）式中，就可得到劳动生产率作为函数的总供给函数的各种表达式。

第一，一般基础总供给函数：

$$S = \alpha_l f A = \alpha_l A f(a, \vec{x}, g, s, t) \qquad (2-2-2)$$

在正常生产区间，有：

$$\frac{\partial S}{\partial A} > 0; \quad \frac{\partial S}{\partial f} > 0 \qquad (2-2-3)$$

第二，以劳动者人数衡量社会生产规模的基础总供给函数：

$$S = L f = L f(a, \vec{x}, g, s, t) \qquad (2-2-4)$$

在正常生产区间，有：

$$\frac{\partial S}{\partial L} > 0; \quad \frac{\partial S}{\partial f} > 0 \qquad (2-2-5)$$

以劳动时间衡量社会生产规模的基础总供给函数可以写为：

$$S = \frac{1}{t_l} T_L f(a, \vec{x}, g, s, t) \qquad (2-2-6)$$

在正常生产区间，有：

---

① 在劳动生产率函数中，各个自变量的度量是一个需要解决的问题，这里我们假定它们是可度量的，是有度量单位的。关于这些自变量的度量问题，今后将专门研究。

$$\frac{\partial S}{\partial T_L} > 0 \; ; \; \frac{\partial S}{\partial f} > 0 \qquad\qquad (2-2-7)$$

第三，以资本数量作为社会生产规模的基础总供给函数：

$$S = \alpha_l f K = \alpha_l K f(a, \ \vec{x}, \ g, \ s, \ t) \qquad\qquad (2-2-8)$$

在正常生产区间，有：

$$\frac{\partial S}{\partial K} > 0 \; ; \; \frac{\partial S}{\partial f} > 0 \qquad\qquad (2-2-9)$$

三、社会生产规模作为利润率函数的总供给函数

本章第一部分，将社会生产规模作为总供给函数的自变量，然而，社会生产规模及其变化，取决于投资量（I）及其变化，投资量则取决于利润率及其变化。正如马克思所指出的："生产的扩大或缩小……取决于利润以及这个利润和所使用的资本之比，即一定水平的利润率。"[①]可以进一步建立社会生产规模作为利润函数的总供给函数。

1. 社会生产规模作为利润函数的一般基础总供给函数

一个时期的社会生产规模 A_t，等于前一个时期的社会生产规模 A_{t-1} 与本期生产规模的增量 ΔA_t 之和，即：

$$A_t = A_{t-1} + \Delta A_t \qquad\qquad (2-3-1)$$

因为由投资形成有生产能力的生产规模需要一定的时间，存在一个生产规模形成滞后期，也就是，本期生产规模的增量（ΔA_t）由上一期的投资（I_{t-1}）形成，即：

$$\Delta A_t = \frac{1}{\alpha_k} I_{t-1} \qquad\qquad (2-3-2)$$

---

① 马克思恩格斯全集：第 25 卷［M］. 北京：人民出版社，1975：288.

其中：

$$\alpha_k = \frac{K}{A} \qquad\qquad (2-3-3)$$

是单位生产规模的资本量。因此，有：

$$A_t = A_{t-1} + \frac{1}{\alpha_k} I_{t-1} \qquad\qquad (2-3-1\text{a})$$

投资是利润率的函数，即：

$$I = I(\pi') \qquad\qquad (2-3-4)$$

其中，π'是利润率，等号左边的 I 是投资量，等号右边的 I 是函数符号。将（2-3-4）式代入（2-3-1a）式，得：

$$A_t = A_{t-1} + \frac{1}{\alpha_k} I_{t-1}(\pi') \qquad\qquad (2-3-5)$$

根据一般供给函数（2-1-9）式可以得出：

$$S_t = \alpha_l f A_t \qquad\qquad (2-3-6)^①$$

将（2-3-5）式代入（2-3-6）式，得：

$$S_t = \alpha_l f\Big[A_{t-1} + \frac{1}{\alpha_k} I_{t-1}(\pi') \Big] \qquad\qquad (2-3-7)$$

由此得：

$$S_t = \alpha_l f A_{t-1} + f\frac{\alpha_l}{\alpha_k} I_{t-1}(\pi') \qquad\qquad (2-3-8)$$

（2-3-7）式和（2-3-8）式是社会生产规模作为利润函数的一般基础总供给函数。

2. 劳动者数量衡量社会生产规模并且社会生产规模作为利润函数的总供给函数

如果用劳动量来衡量社会生产规模，则 $A = L$，分别代入（2-1-11）

---

① 实际上，生产规模生产出产品有一个滞后期，称为生产规模产出滞后期，简称为产出滞后期。本书暂不考虑这个问题，如果考虑这个问题，对经济运行的描述将更加复杂。

式和（3-3-3）式，得：

$$\alpha_l = \frac{L}{A} = \frac{L}{L} = 1$$

$$\alpha_k = \frac{K}{A} = \frac{K}{L}$$

将其分别带入（2-3-7）式和（2-3-8）式，得：

$$S_t = f\left[L_{t-1} + \frac{L}{K}I_{t-1}(\pi')\right] \qquad (2-3-9)$$

和

$$S_t = fL_{t-1} + f\frac{L}{K}I_{t-1}(\pi') \qquad (2-3-10)$$

用：

$$\alpha_f = \frac{L}{K} \qquad (2-3-11)$$

表示资本劳动系数，即单位资本对应的劳动量[①]。将（2-3-11）式代入（2-3-9）式，得：

$$S_t = f\left[L_{t-1} + \alpha_f I_{t-1}(\pi')\right] \qquad (2-3-12)$$

（2-3-12）式是劳动者数量衡量社会生产规模并且社会生产规模作为利润函数的总供给函数。

3. 资本衡量社会生产规模并且社会生产规模作为利润函数的总供给函数

如果用资本量衡量社会生产规模，则有 $A = K$，代入（2-3-3）式，得：

$$\alpha_k = \frac{K}{A} = \frac{K}{K} = 1$$

---

① 第五章将说明 α_f 也等于资本产出率与劳动生产率的比例

$$\alpha_f = \frac{f_k}{f} \qquad (5-2-7)$$

将其代入社会生产规模作为利润函数的总供给函数（2－3－7）式，得：

$$S_t = \alpha_l f [K_{t-1} + I_{t-1}(\pi')] \qquad (2-3-13)$$

用：

$$i_K = \frac{I}{K} \qquad (2-3-14)$$

表示资本投资率，即资本积累率。因为当期的投资是由上一期的资本和资本投资率所确定的，所以，有：

$$I_t = i_K K_{t-1} \qquad (2-3-15)$$

将（2－3－15）式代入（2－3－13）式，有：

$$S_t = \alpha_l f [K_{t-1} + i_K K_{t-2}(\pi')] \qquad (2-3-16)$$

（2－3－16）式是资本衡量社会生产规模并且社会生产规模作为利润函数的总供给函数。

四、统一总供给函数与总需求缺口分析的 AS 模型

前面，在基础总供给函数基础上，从马克思劳动生产率理论和投资与利润率理论出发，分别建立了以劳动生产率作为函数的总供给函数和社会生产规模作为利润率函数的总供给函数。下面，将以上两部分统一起来，构建马克思经济理论基础上的统一总供给函数，在此基础上，从供给方面讨论总需求不足，建立总需求不足分析的 AS 模型。并且，以此为例，说明总供给函数在现实经济分析和宏观经济政策决策上的重要作用。

（一）统一总供给函数

1. 一般统一总供给函数

如果将劳动生产率函数（2－2－1）式代入（2－3－7）式和

（2 - 3 - 8）式，得：

$$S_t = \alpha_l f(a, \vec{x}, g, s, t)\left[A_{t-1} + \frac{1}{\alpha_k}I_{t-1}(\pi')\right] \quad (2-4-1)$$

和：

$$S_t = \alpha_l f(a, \vec{x}, g, s, t)A_{t-1} + f(a, \vec{x}, g, s, t)\frac{\alpha_l}{\alpha_k}I_{t-1}(\pi')$$

$$(2-4-2)$$

因为：

$$\alpha_l = \frac{L}{A} \quad\quad\quad (2-1-11)$$

$$\alpha_k = \frac{K}{A} \quad\quad\quad (2-3-3)$$

所以，有：

$$\frac{\alpha_l}{\alpha_k} = \frac{L}{K}$$

根据（2 - 3 - 11）式，有：

$$\frac{\alpha_l}{\alpha_k} = \frac{L}{K} = \alpha_f$$

将上式代入（2 - 4 - 2）式，得：

$$S_t = \alpha_l f(a, \vec{x}, g, s, t)A_{t-1} + f(a, \vec{x}, g, s, t)\alpha_f I_{t-1}(\pi')$$

$$(2-4-2a)$$

（2 - 4 - 1）式、（2 - 4 - 2）式和（2 - 4 - 2a）式是统一了劳动生产率函数和投资作为利润率函数的一般基础总供给函数，称之为统一总供给函数。

2. 用劳动者数量来衡量社会生产规模的统一总供给函数

如果用劳动量来衡量社会生产规模，则有：

$$A = L, \quad \alpha_l = 1$$

根据（2-3-3）式，有：

$$\frac{1}{a_k} = \frac{A}{K} = \frac{L}{K}$$

根据（2-3-11）式，有：

$$\frac{1}{a_k} = \frac{A}{K} = \frac{L}{K} = \alpha_f$$

将以上各式代入（2-4-1）式，得：

$$S_t = f(a, \vec{x}, g, s, t)\left[L_{t-1} + \alpha_f I_{t-1}(\pi')\right] \qquad (2-4-3)$$

（2-4-3）式是用劳动者数量来衡量社会生产规模的统一总供给函数。

3. 用资本量来衡量社会生产规模的统一总供给函数

将（2-2-1）式代入（2-3-16）式，得：

$$S_t = \alpha_l f(a, \vec{x}, g, s, t)\left[K_{t-1} + i_k K_{t-2}(\pi')\right] \qquad (2-4-4)$$

根据（2-3-15）式，有：

$$S_t = \alpha_l f(a, \vec{x}, g, s, t)\left[K_{t-1} + I_{t-1}(\pi')\right] \qquad (2-4-4a)$$

（2-4-4）式和（2-4-4a）式是用资本量来衡量社会生产规模的统一总供给函数。

（二）统一总供给函数方面的总需求不足分析：总需求缺口分析的 AS 模型

总需求缺口是衡量总需求不足的技术指标，等于总供给与总需求之差。因此，在从统一总供给函数方面讨论总需求缺口之前，先假设一个简单总需求函数，用以讨论投资引致的总需求缺口或总需求不足和宏观经济的不稳定性及其消除原理。这就是总需求缺口分析的 AS 模型。对总需求函数的讨论，将在第三篇中进行，并从总需求方面讨论总需求不足，建立总需求缺口分析的 AD 模型。然后，在第四篇中，从总供给和总需求两方面全面讨论总需求不足，建立总需求缺口分析的 AS – AD 模型。

统一总供给函数，对于经济建设和发展分析，具有重要的现实作用。统一总供给函数提供了一个平台，在这个平台上，可以进一步讨论决定宏观经济发展和稳定的各个因素及其数量关系，为宏观经济发展和稳定政策提供科学依据和重要参考。讨论总需求不足只是其中一项工作。

1. 简单总需求函数与投资引致总需求部分

总需求（D）由来自工资的总需求部分（D_v）和来自利润的总需求部分（D_π）之和组成，即：

$$D = D_v + D_\pi \qquad (2-4-5)$$

来自利润的总需求部分又是由用于消费的部分（$D_{\pi c}$）和用于投资的部分即投资引致总需求部分（$D_{\pi I}$）之和组成，投资引致总需求部分（$D_{\pi I}$）就是等于（I），即：

$$D_{\pi I} = I \qquad (2-4-6)$$

因此，有：

$$D_\pi = D_{\pi c} + D_{\pi I} = D_{\pi c} + I \qquad (2-4-7)$$

投资是利润率的函数，将（2 – 3 – 4）式代入（2 – 4 – 7）式和（2 – 4 – 6）式，有：

$$D_\pi(\pi') = D_{\pi c} + I(\pi') \qquad (2-4-8)$$

和

$$D_{\pi I} = I(\pi') \qquad (2-4-9)$$

（2 – 4 – 9）式表示了投资引致总需求部分，代入时间因素可写为：

$$D_{\pi I,t}(\pi') = I_t(\pi') \qquad (2-4-10)$$

2. 投资引致总需求缺口

由投资引致的总需求缺口：

$$E_{dl,t} = S_{lt}(\pi') - D_{\pi l,t}(\pi') \qquad (2-4-11)$$

表达了由投资引致的总需求不足。① 其中，S_{lt} 是投资产生的总供给部分。

统一总供给函数（$2-4-2a$）式可以看出由投资产生的总供给部分为：

$$S_{lt}(\pi') = f(a, \vec{x}, g, s, t)\frac{\alpha_l}{\alpha_k}I_{t-1}(\pi') \qquad (2-4-12)$$

将（$2-4-10$）式和（$2-4-12$）式代入（$2-4-11$）式，得：

$$E_{dl,t} = f(a, \vec{x}, g, s, t)\frac{\alpha_l}{\alpha_k}[I_{t-1}(\pi')] - I_t(\pi')$$

$$(2-4-13)$$

为了简单，假定劳动生产率 f 为常数，则有：

$$E_{dl,t} = f\frac{\alpha_l}{\alpha_k}[I_{t-1}(\pi')] - I_t(\pi') \qquad (2-4-14)$$

（$2-4-13$）式和（$2-4-14$）式是由投资引致的总需求缺口部分，也表示了由投资引致的总需求不足部分。

3. 消除投资引致总需求缺口的条件

根据（$2-4-13$）式和（$2-4-14$）式，可以确定出消除投资引致总需求缺口部分（总需求不足部分）的不同时期社会总投资应保持的比例关系和比例系数。

要消除投资引致的总需求缺口部分或总需求不足部分，就是要使：

$$E_{dl,t} = 0 \qquad (2-4-15)$$

（$2-4-15$）式是消除投资引致的总需求缺口部分（总需求不足部分）的实现条件。将（$2-4-13$）式代入（$2-4-15$）式，得：

$$f(a, \vec{x}, g, s, t)\frac{\alpha_l}{\alpha_k}[I_{t-1}(\pi')] - I_t(\pi') = 0$$

---

①　总需求缺口，是个多方面因素综合作用的结果，不仅由投资引致，而且也由消费等多种因素决定。这里仅讨论投资引起的总需求缺口部分。对总需求缺口的总体讨论，将在第三篇中进行。

由此得：

$$f(a, \vec{x}, g, s, t)\frac{\alpha_l}{\alpha_k}[I_{t-1}(\pi')] = I_t(\pi')$$

即：

$$\frac{I_t(\pi')}{I_{t-1}(\pi')} = f(a, \vec{x}, g, s, t)\frac{\alpha_l}{\alpha_k} \qquad (2-4-16)$$

（2-4-16）式是消除投资引致的总需求缺口部分或总需求不足部分的不同时期社会总投资的比例关系，其比例系数称为"缺口消除系数"，

为 $f(a, \vec{x}, g, s, t)\frac{\alpha_l}{\alpha_k}$。

要消除投资引致的总需求缺口部分或总需求不足部分，不同时期的社会总投资就应保持这一比例关系。

缺口消除系数，还可以进一步讨论。因为，前面已经说明，根据（2-3-11）式，有：

$$\frac{\alpha_l}{\alpha_k} = \frac{L}{K} = \alpha_f \qquad (2-3-11)$$

将其代入上述缺口消除系数，得：

$$f(a, \vec{x}, g, s, t)\frac{\alpha_l}{\alpha_k} = f(a, \vec{x}, g, s, t)\alpha_f$$

为了简单，假定劳动生产率为常数，缺口消除系数可写为 $f\alpha_f$。根据（2-1-1）式和（2-3-11）式，缺口消除系数可写为：

$$f\alpha_f = \frac{S}{L}\frac{L}{K} = \frac{S}{K}$$

令 $f_K = \frac{S}{K}$ 为资本产出率[①]，则缺口消除系数可写为 f_k。即，消除投资引致的总需求缺口部分（总需求不足部分）的不同时期社会总投资的比例关系系数（缺口消除系数）为资本产出率 f_k。要消除投资引致的总需

---

① 在第五章中，再次用（5-2-4）式定义资本产出率。

求缺口部分或总需求不足部分，不同时期的社会总投资就应保持资本产出率（f_k）这一比例关系。

（三）　经济稳定性与包含预期的总供给曲线

在前面分析的基础上，可以进一步拓展，讨论关于经济稳定性和包含预期的总供给函数。

第一，根据（2-4-13）式和（2-4-14）式，可以得出重要结论：由于投资对于总供给与总需求两者的函数关系是不同步的，两者的同步不是必然的，具有很大的偶然性，因此，会导致社会经济的不稳定性，并引起社会经济的波动。与社会总投资相关的总供给—总需求系统具有内在的不稳定性，因此，稳定社会经济的工作，是宏观经济管理中的一个常态性工作，需要常抓不懈。

第二，各期的社会总投资（I_t）不仅取决于利润率（π'），而且取决于预期利润率（π'_e），因此，统一总供给函数各式可以进一步做如下调整：

（1）统一总供给函数（2-4-1）式和（2-4-2）式可以进一步写为：

$$S_t = \alpha_l f(a, \vec{x}, g, s, t)\left[A_{t-1} + \frac{1}{\alpha_k}I_{t-1}(\pi'_e)\right] \quad (2-4-17)$$

$$S_t = \alpha_l f(a, \vec{x}, g, s, t)A_{t-1} + f(a, \vec{x}, g, s, t)\frac{\alpha_l}{\alpha_k}I_{t-1}(\pi'_e)$$

$$(2-4-18)$$

（2-4-17）式和（2-4-18）式是包含预期的统一了劳动生产率函数和投资作为利润率函数的一般基础总供给函数。

（2）用劳动量来衡量社会生产规模的统一总供给函数（2-4-3）式可以进一步写为：

$$S_t = f(a, \vec{x}, g, s, t)\left[L_{t-1} + \alpha_f I_{t-1}(\pi'_e)\right] \quad (2-4-19)$$

（3）用资本量来衡量社会生产规模的统一总供给函数（2-4-4）式和（2-4-4a）可以进一步写为：

$$S_t = \alpha_l f(a, \vec{x}, g, s, t)\left[K_{t-1} + i_K K_{t-2}(\pi'_e)\right] \quad (2-4-20)$$

$$S_t = \alpha_l f(a, \vec{x}, g, s, t)\left[K_{t-1} + I_{t-1}(\pi'_e)\right] \quad (2-4-20a)$$

利润率是在不断变化的，并且预期是不稳定的，预期利润率是不稳定的。这就会导致各个时期社会总投资的不稳定，甚至是系统性紊乱，从而导致总需求缺口或总需求不足的不规则波动，进而导致宏观经济的不稳定。因此，稳定利润率预期、科学预测利润率变化，是稳定宏观经济的一项重要工作。

以上关于社会总投资引致总需求缺口或总需求不足和宏观经济不稳定性的讨论，仅是在统一总供给函数这个平台上所能开展的众多工作之一。统一总供给函数提供了一个平台，在这个平台上，可以进一步展开许多关于宏观经济发展和稳定的研究工作，为宏观经济发展和稳定政策提供科学依据和重要参考。

第三篇

总需求函数：总需求缺口分析的AD模型

在马克思经济理论基础上构建总需求函数，本篇旨在为研究社会生产规模和劳动生产率对总需求不足的作用和趋势建立前期基础和研究平台，在假定仅考虑国内经济和没有政府作用（即完全市场的封闭经济）的条件下，社会总需求来自工资和利润，而工资与劳动生产率和社会生产规模之间存在着函数关系，利润与劳动生产率和社会生产规模之间存在着函数关系。因而，社会总需求是劳动生产率和社会生产规模的复合函数。

本篇由第三章、第四章和第五章组成。第三章构建工资与劳动生产率和社会生产规模之间的函数关系，讨论来自工资的总需求部分（D_v）。第四章构建利润与劳动生产率和社会生产规模之间的函数关系，讨论来自利润的总需求部分（D_π）。第五章将两部分组合构建总需求函数，并从总需求方面讨论市场经济中的总需求不足问题。

第 三 章

工资消费需求函数：劳动生产率与社会
生产规模对工资消费需求的作用

　　本章用马克思经济理论，分析社会生产发展对工资消费需求变化的作用及其技术性因素和制度性因素。社会生产发展主要表现在劳动生产率提高和社会生产规模扩大两个方面，社会生产规模可以由劳动者人数（就业人数）和资本量两个方面来衡量。工资消费需求来源于工资，而工资与劳动生产率和社会生产规模之间存在着函数关系，因而，工资消费需求是劳动生产率和社会生产规模的复合函数①。首先，确定工资消费需求的基础函数关系；其次，在此基础上，从劳动者人数（就业人数）和资本量两个方面，讨论社会生产规模对工资消费需求的作用；最后，分析劳动生产率通过资本有机构成和工资率变化两个方面对工资消费需求的作用，特别是，通过对工资率变化方面的讨论，揭示了作用于工资消费需求及其变化的制度性因素。

　　工资消费需求会随着劳动者人数（就业人数）增加而增加，工资消费需求变化取决于资本量和资本有机构成变化的组合效应，当劳动生产率提高导致的资本有机构成提高速度大于资本量增长速度时，工资消

---

　　① 一个函数的特定形式，取决于研究工作相应的特定内容。不同研究工作的特定内容，会对应于不同的函数形式。因此，对于不同的研究内容，工资消费需求函数会有不同的形式。

费需求就会减少，在资本—雇佣劳动制度中，在古典产权制度下，劳动生产率的提高会在结构上降低工资消费需求，而在生产资料公有制中，在现代产权制度下，劳动生产率提高不会在结构上改变工资消费需求，在货币表现的总量上会提高工资消费需求。工资消费需求形成社会总需求的主要部分，其变动决定了社会总需求变动的主要方向，因此，要治理社会总需求下降，克服总需求不足，就要大力发展社会主义公有制，大力发展现代产权制度，大力发展与完善以公有制为主体多种经济形式并存的中国特色社会主义基本经济制度。

一、工资消费需求（D_v）的基础函数关系

马克思指出，工资是劳动力价值的货币表现，"变为劳动力的那部分资本，在生产过程中改变自己的价值。……我把它称为可变资本部分，或简称为可变资本。"[①] 因此，在价值层面上，工资等于可变资本（K_v），K_v 也可用来表示工资量。由工资形成的总需求部分（D_v）来源于工资，与工资总量正向相关，可写为：

$$D_v = c_v K_v \qquad (3-1-1)$$

c_v 是工资消费强度系数，即单位工资中用于消费的比例。假定，相对于总工资量的变化，c_v 为常数，即：

$$\frac{\partial c_v}{\partial K_v} = 0 \qquad (3-1-2)$$

马克思指出："劳动力的价值，就是维持劳动力所有者所需要的生活资料的价值。"[②] 工资是劳动力价值的货币表现，劳动者的工资收入

---

① 马克思恩格斯全集：第 23 卷 [M]. 北京：人民出版社，1972：235.
② 马克思恩格斯全集：第 23 卷 [M]. 北京：人民出版社，1972：194.

主要用于生活资料，基本用于消费，所以，可以假定 $c_v = 1$。因此，可以将由工资形成的总需求部分（D_v）简称为"工资消费需求"。

根据（3-1-1）式，有：

$$D'_{v \mid K_v} = \frac{dD_v}{dK_v} = c_v > 0 \qquad (3-1-3)$$

即，工资消费需求（D_v）会随着工资总量（K_v）的增加而增加。

用 w 表示工资率，即单个工人（单位时间）的工资，工资总量（K_v）是工资率（w）与劳动者人数（就业人数）L 的乘积，即：

$$K_v = wL \qquad (3-1-4)$$

劳动者人数（就业人数）L 与社会生产规模（A）的关系为：

$$L = \alpha_l A \qquad (3-1-5)$$

其中，α_l 是社会生产规模的劳动者系数，即单位社会生产规模的就业人口量。

将（3-1-5）式代入（3-1-4）式，得：

$$K_v = \alpha_l wA \qquad (3-1-6)$$

将（3-1-6）式代入（3-1-1）式，得：

$$D_v = c_v K_v = c_v \alpha_l wA \qquad (3-1-7)$$

也可写为：

$$D_v = c_v \alpha_l (wA) \qquad (3-1-8)$$

（3-1-8）式和（3-1-7）式表示了工资消费需求的基础函数关系。在此基础上，可以分别讨论社会生产规模和劳动生产率对工资消费需求的作用。

二、社会生产规模对工资消费需求（D_v）的作用

社会生产规模没有单一的表达形式，既可以用资本量来表达，也可

以用劳动者人数（就业人数）来表达。前面，假定了一个社会生产规模的抽象表达形式（A），用以建立工资消费需求基础函数关系。下面，分别以劳动人数（就业人数）和资本量衡量社会生产规模，讨论社会生产规模对工资消费需求的作用。

（一）以劳动人数（就业人数）L 衡量社会生产规模

如果用劳动者人数（就业人数）L 衡量社会生产规模（A），则有：

$$A = L$$

根据（3-1-5）式，有：

$$\alpha_l = 1$$

将以上两式代入工资消费需求的基础函数关系（3-1-8）式，得：

$$D_v = c_v \alpha_l (wA) = c_v(wL) \qquad (3-2-1)$$

（3-2-1）式表示了用劳动者人数（就业人数）衡量社会生产规模的工资消费需求函数关系。

因为：

$$c_v > 0, \quad w > 0$$

所以，有：

$$\frac{\partial D_v}{\partial A}\bigg|_{A=L} = \frac{\partial D_v}{\partial L} = c_v w > 0 \qquad (3-2-2)$$

（3-2-2）式表明：在假定工资率 w 不变（包含了劳动生产率不变）的条件下，工资消费需求与劳动者人数（就业人数）正向相关，工资消费需求会随着劳动者人数（就业人数）增加而增加，反之则相反。

（二）以资本量（K）衡量社会生产规模

如果用资本量（K）衡量社会生产规模（A），那么，工资消费需求

（D_v）的变化就比较复杂，这个变化不仅取决于社会资本的绝对量，而且取决于资本有机构成。

马克思指出："从价值方面来看，资本的构成是由资本分为不变资本和可变资本的比率，……由资本技术构成决定并且反映技术构成变化的资本价值构成，叫作资本的有机构成。"[①]，用 K_c 表示不变资本，有：

$$K = K_c + K_v$$

用：

$$\eta = \frac{K_c}{K_v}$$

表示资本有机构成，则有：

$$\frac{K}{K_v} = \frac{K_c}{K_v} + 1 = 1 + \eta$$

由此可得：

$$K_v = \frac{K}{1 + \eta} \qquad (3-2-3)$$

将（3-2-3）式代入（3-1-1）式，可得：

$$D_v = c_v \frac{K}{1 + \eta} \qquad (3-2-4)$$

（3-2-4）式表示了用资本衡量社会生产规模的工资消费需求函数关系。

在假定资本有机构成不变的情况下，有：

$$\frac{\partial D_v}{\partial K}\bigg|_{\eta = 常数} = \frac{c_v}{1 + \eta} > 0 \qquad (3-2-5)$$

即，工资消费需求与资本量正向相关，工资消费需求会随着资本量的增加而增加，反之则相反。

在假定资本量不变的条件下，有：

$$\frac{\partial D_v}{\partial \eta}\bigg|_{K = 常数} = c_v K \frac{-1}{(1 + \eta)^2} < 0 \qquad (3-2-6)$$

---

① 马克思恩格斯全集：第 23 卷［M］. 北京：人民出版社，1972：672.

即，工资消费需求与资本有机构成反向相关，工资消费需求会随着资本有机构成的提高而减少，反之则相反。

工资消费需求变化取决于资本量和资本有机构成变化的组合效应：

$$dD_v = \frac{\partial D_v}{\partial K}\Big|_{\eta = 常数} dK + \frac{\partial D_v}{\partial \eta}\Big|_{K = 常数} d\eta$$

将（3-2-5）式和（3-2-6）式代入上式，得：

$$dD_v = \frac{c_v}{1+\eta}dK + c_v K \frac{-1}{(1+\eta)^2}d\eta$$

由此可得：

$$dD_v = \frac{c_v K}{1+\eta}\Big[\frac{dK}{K} - \frac{d\eta}{(1+\eta)}\Big]$$

将（3-2-4）式代入上式，得：

$$dD_v = D_v\Big[\frac{dK}{K} - \frac{d\eta}{(1+\eta)}\Big]$$

由此得：

$$\frac{dD_v}{D_v} = \frac{dK}{K} - \frac{d\eta}{(1+\eta)} \tag{3-2-7}$$

由（3-2-7）式可见，当：

$$\frac{dK}{K} > \frac{d\eta}{(1+\eta)} \tag{3-2-8}$$

时，工资消费需求会随着资本量增加和资本有机构成提高而增长。也就是，当资本相对增长率大于资本有机构成相对增长率时，随着资本数量增加和资本有机构成提高，工资消费需求会增长。而当：

$$\frac{dK}{K} < \frac{d\eta}{(1+\eta)} \tag{3-2-9}$$

时，工资消费需求会随着资本数量增加和资本有机构成提高而减少。也就是，当资本有机构成相对增长率大于资本量相对增长率时，随着资本数量增加和资本有机构成提高，工资消费需求会减少。（3-2-9）式是在资本有机构成提高情况下"随着资本数量的增加，工资消费需求会减少"的条件。达到这个条件，在资本有机构成提高情况下，消费需求就会随资本量增加而减少。

三、劳动生产率 (f) 对工资消费需求 (D_v) 的作用

劳动生产率 (f) 对工资消费需求 (D_v) 的作用，是通过资本有机构成和工资率产生的。

（一）通过资本有机构成的作用

马克思指出："劳动生产率的增长，表现为劳动的量比它所推动的生产资料的量相对减少，或者说，表现为劳动过程的主观因素的量比它的客观因素的量相对减少。资本技术构成的这一变化，即生产资料的量比推动它的劳动力的量相对增长，又反映在资本的价值构成上，即资本价值的不变组成部分靠减少它的可变组成部分而增加。"[①] 这就是说，随着劳动生产率 (f) 的提高，资本有机构成是提高的，即：

$$\eta = \eta\ (f) \qquad\qquad (3-3-1)$$

且：

$$\frac{\partial \eta}{\partial f} > 0 \qquad\qquad (3-3-2)$$

根据（3 - 2 - 4）式和（3 - 3 - 1）式，有：

$$D_v = c_v \frac{K}{1 + \eta(f)} \qquad\qquad (3-3-3)$$

---

① 马克思恩格斯全集：第23 卷［M］. 北京：人民出版社，1972：683 - 684. "可变资本同不变资本从而同总资本相比的这种不断的相对减少，和社会资本的平均有机构成的不断提高是同一的。这也只是劳动的社会生产力不断发展的另一种表现"。马克思恩格斯全集：第25卷［M］. 北京：人民出版社，1975：236 - 237.

由此得：

$$\frac{\partial D_v}{\partial f} = \frac{\partial D_v}{\partial \eta}\frac{d\eta}{df} = \frac{-c_v K}{(1+\eta)^2}\frac{d\eta}{df} \qquad (3-3-4)$$

由（3-3-4）式可见，劳动生产率提高导致的资本有机构成提高会使工资消费需求减少。因此，从资本有机构角度考察，劳动生产率提高会导致工资消费需求减少。这是因为，资本有机构成提高会导致可变资本减少，工资减少，从而导致工资消费需求减少。

（二）通过工资率（w）变化的作用

1. 工资率和劳动生产率的函数关系与产权制度

根据工资消费需求的基础函数关系（3-1-8）式，在 c_v、α_l、A 不变的条件下，有：

$$\frac{\partial D_v}{\partial w} = c_v \alpha_l A > 0 \qquad (3-3-5)$$

即，工资消费需求会随着工资率的提高而增加。

然而，工资率会随着劳动生产率的变化而变化，工资率（w）是劳动生产率（f）的函数，可以写为：

$$w = w(f, H) \qquad (3-3-6)$$

其中，等号左边的 w 是工资率，等号右边的 w 是函数符号，H 是经济外的因素。例如，竞争和社会历史因素等，在这里是个参变量，假定为常数。因此，（3-3-6）式也可以简写为：

$$w = w(f) \qquad (3-3-7)$$

将（3-3-7）式代入工资消费需求的基础函数关系（3-1-8）式，得：

$$D_v = c_v \alpha_l A [w(f)] \qquad (3-3-8)$$

（3-3-8）式表示工资消费需求与劳动生产率的函数关系，劳动生产率通过作用于工资率而影响工资消费需求。

根据（3－3－8）式，有：

$$\frac{\partial D_v}{\partial f} = c_v \alpha_l A \frac{\partial w(f)}{\partial f} \qquad (3-3-9)$$

即，工资消费需求相对劳动生产率的变化率，取决于工资率相对劳动生产率的变化率。

工资率与劳动生产率的函数关系以及工资率相对劳动生产率的变化率，是由产权制度决定的。在不同的产权制度下，工资率与劳动生产率的函数关系以及工资率相对劳动生产率的变化率是不同的。

下面，从价值层面和货币层面两个方面来考察。在不同层面上的考察，能使不同问题的关键点分别突出地表现出来。在价值层面上的考察，直接表达了相对比例或结构中的总量关系，可以简单明了地看清事物的本质和内在规律。在货币层面上的考察，虽然不能直接看到事物的本质和内在规律，但能从货币表现的总量上看到事物的关系。

2. 在资本—雇佣劳动制度中，在古典产权制度下

（1）在价值层面上考察。

在资本—雇佣劳动制度中，在古典产权制度下，工资表现了劳动力价值，由劳动力价值所决定。马克思指出："提高劳动生产力，通过提高劳动生产力来降低劳动力的价值，从而缩短再生产劳动力价值所必要的工作日部分。"[1] 根据马克思劳动力价值和相对剩余价值理论，当劳动生产率提高时，劳动力价值会下降，剩余价值率会提高，工资在国民收入中占的比例会下降。[2] 因此，当劳动生产率提高时，用劳动力价值

---

[1] 马克思恩格斯全集：第23卷［M］．北京：人民出版社，1972：350－352．

[2] 白暴力．马克思工资市场定位模型［J］．当代经济研究，2010（5）：1－5．

计量的工资率和可变资本都会下降①，也就是：

$$\frac{\partial w}{\partial f} < 0 \qquad (3-3-10)$$

将（3 – 3 –10）式代入（3 – 3 –9）式，得：

$$\frac{\partial D_v}{\partial f} = c_v \alpha_l A \frac{\partial w}{\partial f} < 0 \qquad (3-3-11)$$

即，用价值度量的工资消费需求，会随劳动生产率的提高而减少；这表明，工资消费需求在国民收入中占的比例会下降，总需求不足会加剧。

（2）在货币层面上考察。

马克思指出："劳动力的价值，就是维持劳动力所有者所需要的生活资料的价值。"② 构成这些生活资料的使用价值内容的量，由劳动者的生活必需品所决定。劳动生产率提高，会降低这些生活资料的价值，从而降低劳动力价值，但是，在即定社会历史时点上，这些使用价值量不会改变，这些使用价值量与劳动生产率无关。为了表述简单，假定构成可变资本的使用价值只有一种，其数量用 Q_w 表达，则 Q_w 为常数，即：

$$\frac{\partial Q_w}{\partial f} = 0$$

在固定价格的条件下，由于这些使用价值的数量及其价格都不会变化，所以，这些使用价值量的货币表现即货币工资量，不会随劳动生产率变化而变化。用 p_w 表示 Q_w 的价格，K_{vg} 表示用货币表现的可变资本，即货币工资，则有：

$$K_{vg} = p_w Q_w \qquad (3-3-12)$$

为常数，即：

---

① 白瑞雪，白暴力. 马克思宏观经济系统模型 [M]. 北京：经济科学出版社，2018：41 –43，82 –85. 白瑞雪，白暴力. 资本—雇佣劳动制度中社会消费需求被约束并向下运行的趋势 [J]. 福建论坛，2010（11）：43 –47.

② 马克思恩格斯全集：第 23 卷 [M]. 北京：人民出版社，1972：194.

$$\frac{\partial K_{vg}}{\partial f} = 0 \qquad\qquad (3-3-13)$$

因为，货币工资率为：

$$w_g = \frac{K_{vg}}{L} \qquad\qquad (3-3-14)$$

所以，根据（3-3-13）式，在劳动者人数（L）不变的条件下，有：

$$\frac{\partial w_g}{\partial f} = \frac{1}{L}\frac{\partial K_{vg}}{\partial f} = 0 \qquad\qquad (3-3-15)$$

即，在即定时点上，在固定价格条件下的货币工资率，不会随劳动生产率的变化而变化。

用 g_v 表示单位价值对应的货币量①，D_{vg} 表示货币表现的工资消费需求，则有：

$$D_{vg} = g_v D_v \qquad\qquad (3-3-16)$$

在假定单位价值对应的货币量（g_v）不变的条件下，有：

$$\frac{\partial D_{vg}}{\partial f} = g_v \frac{\partial D_v}{\partial f}$$

将（3-3-9）式代入上式，得：

$$\frac{\partial D_{vg}}{\partial f} = g_v c_v \alpha_l A \frac{\partial w(f)}{\partial f}$$

由此得出（3-3-9）式的货币表现形式：

$$\frac{\partial D_{vg}}{\partial f} = c_v \alpha_l A \frac{\partial w_g(f)}{\partial f} \qquad\qquad (3-3-9a)$$

其中：

$$w_g = g_v w$$

将（3-3-15）式代入（3-3-9a）式，得：

---

① $\dfrac{1}{g_v}$ 是单位货币包含或者代表的价值量。

47

$$\frac{\partial D_{vg}}{\partial f} = c_v \alpha_l A \frac{\partial w_g}{\partial f} = 0 \qquad (3-3-17)$$

即，固定价格下的货币工资消费需求，不会随劳动生产率变化而变化。

但是，同时，随着劳动生产率的提高，固定价格下的货币度量的国民收入会增加。用 V_g 表示用货币度量的国民收入，为了表述简单，假定国民收入只有一种使用价值，其量用 Q 表示，随着劳动生产率的提高 Q 会增加，即：

$$\frac{\partial Q}{\partial f} > 0 \qquad (3-3-18)$$

用 p 表示 Q 的价格，则有：

$$V_g = pQ \qquad (3-3-19)$$

在固定价格条件下，根据（3-3-19）式和（3-3-18）式，有：

$$\frac{\partial V_g}{\partial f} = p \frac{\partial Q}{\partial f} > 0 \qquad (3-3-20)$$

用：

$$k = \frac{D_{vg}}{V_g}$$

表示货币工资消费需求在国民收入中占的比例，（3-3-17）式表明 D_{vg} 是常数，所以，有：

$$\frac{\partial k}{\partial f} = \frac{\partial \left(\dfrac{D_{vg}}{V_g} \right)}{\partial f} = \frac{-D_{vg}}{V_g^2} \frac{\partial V_g}{\partial f}$$

根据（3-3-20）式，可得：

$$\frac{\partial k}{\partial f} < 0$$

即，随着劳动生产率的提高，货币工资消费需求在国民收入中占的比例会下降，因此，总需求不足会加剧。

总之，在资本—雇佣劳动制度中，在古典产权制度下，劳动生产率的提高会在结构上降低工资消费需求，加剧总需求不足。

3. 在公有制经济中，在现代产权制度下

在公有制经济中，在现代产权制度下，劳动力不再是商品，工资不再是劳动力价值的表现形式，消费品实行按劳分配。按劳分配的含义是：在做了必要扣除后的社会总产品的部分或者说社会总产品价值的部分，按照劳动者提供劳动量的比例分配给劳动者，形成劳动者用于消费的个人收入。在按劳分配中，工资不再是独立于国民收入变化的常量，而是一个和国民收入成比例增长的变量。[①]

（1）在价值层面上考察。

马克思指出："生产力的变化本身丝毫也不会影响表现为价值的劳动。……不管生产力发生了什么变化，同一劳动在同样的时间内提供的价值量总是相同的。"[②] 劳动生产率不会影响一定时间内形成的价值量，也就是一定时间内形成的价值量不会随着劳动生产率的变化而变化。在假定整个社会劳动时间、社会劳动总人数（L）和分配比例不变的条件下，在按劳分配制度中，劳动生产率的变化，不会导致用价值量度量的劳动者用于消费的收入总量（K_v）变化，或者说，不会导致劳动者工资所包含的价值量（K_v）变化，即：

$$\frac{\partial K_v}{\partial f} = 0$$

将（3－1－4）式代入上式，可得：

$$\frac{\partial K_v}{\partial f} = \frac{\partial wL}{\partial f} = L\frac{\partial w}{\partial f} = 0$$

由此得：

$$\frac{\partial w}{\partial f} = 0 \qquad\qquad (3-3-21)$$

---

① 白暴力，白瑞雪. 现代产权理论与中国产权制度改革［M］. 北京：中国经济出版社，2016：232.

② 马克思恩格斯全集：第23卷［M］. 北京：人民出版社，1972：60.

将（3-3-21）式代入（3-3-9）式，得：

$$\frac{\partial D_v}{\partial f} = c_v \alpha_l A \frac{\partial w}{\partial f} = 0 \qquad (3-3-22)$$

即，用价值度量的工资消费需求，不会随劳动生产率变化而变化。

在社会劳动者数量不变和劳动时间不变的前提下，社会总产品价值也不会随劳动生产率变化而变化，所以，工资消费需求与国民收入的比例不会变化，总需求缺口不会扩大，总需求不足不会加剧。

（2）在货币层面上考察。

马克思指出："在同样的时间内提供的使用价值量会是不同的：生产力提高时就多些，生产力降低时就少些。"[①] 一定价值量包含的使用价值内容的量，会随着劳动生产率的提高而增加。在固定价格的条件下，这一定价值量包含的增加了的使用价值内容的量，就会表现为价格量会增加。因此，一定的价值度量的工资所包含的使用价值量，会随着劳动生产率的提高而增加，在固定价格条件下，就会表现为货币工资的提高，表现为货币工资率的提高，即：

$$\frac{\partial w_g}{\partial f} > 0 \qquad (3-3-23)$$

（3-3-23）式的具体推导过程如下：

价值度量的工资（K_v）等于生产其所包含的使用价值即工资品（Q_v）的劳动时间，因此，生产工资品的劳动生产率（f_v）为：

$$f_v = \frac{Q_v}{K_v}$$

为了讨论的简单，假定各个部门的劳动生产率相等，等于社会劳动生产率（f），上式可写为：

$$f = \frac{Q_v}{K_v}$$

---

① 马克思恩格斯全集：第 23 卷 [M]. 北京：人民出版社，1972：60.

由此得：

$$Q_v = fK_v \qquad (3-3-24)$$

工资的货币表现（K_{vg}）也就是货币工资为：

$$K_{vg} = p_v Q_v$$

将（3-3-24）式代入上式，得：

$$K_{vg} = p_v Q_v = p_u fK_v \qquad (3-3-25)$$

货币工资率为：

$$w_g = \frac{K_{vg}}{L}$$

将（3-3-25）式代入上式，得：

$$w_g = \frac{1}{L}K_{vg} = \frac{1}{L}p_u fK_v$$

由此得到（3-3-23）式的具体表达：

$$\frac{\partial w_g}{\partial f} = \frac{1}{L}p_v K_v > 0 \qquad (3-3-23a)$$

将（3-3-23a）式代入（3-3-9a）式，得：

$$\frac{\partial D_{vg}}{\partial f} = c_v \alpha_l A \frac{\partial w_g}{\partial f} > 0 \qquad (3-3-26)$$

即，在固定价格下，货币工资消费需求（D_{vg}）会随劳动生产率提高而增加。[①]

从价值层面和货币层面两个方面的分析，都可以得出结论，在生产资料公有制度中，在现代产权制度下，劳动生产率提高不会在结构上改变总需求；构成劳动者用于消费的个人收入总量（K_v）与社会总产品或社会总价值量的比例关系，不会随劳动生产率变化而变化，但是，货

---

① 随着劳动生产率的提高，固定价格下用货币度量的总供给即国民收入会同比例增加，构成劳动者用于消费的个人收入总量—货币工资（K_{vg}）在国民收入中占的比例不变，因此，来源于工资的工资消费需求与国民收入的比例关系不会变化，总需求缺口不会扩大，总消费需求不足不会加剧。

币表现的工资消费需求（D_{vg}）的总量会增加。

综合以上分析，可见：第一，工资消费需求会随着劳动者人数（就业人数）增加而增加。第二，工资消费需求变化取决于资本量和资本有机构成变化的组合效应，当资本量相对增长率大于资本有机构成相对增长率时，随着资本数量的增加，工资消费需求会增长；而当资本有机构成相对增长率大于资本量相对增长率时，随着资本数量的增加，工资消费需求会减少。第三，随着劳动生产率的提高，资本有机构成是提高的，当劳动生产率提高导致的资本有机构成提高的速度大于资本量增长的速度时，工资消费需求会减少。第四，在资本—雇佣劳动制度中，在古典产权制度下，劳动生产率的提高会在结构上降低工资消费需求；而在生产资料公有制度中，在现代产权制度下，劳动生产率提高不会在结构上改变工资消费需求，但在货币表现的总量上会提高工资消费需求。

劳动者人数在社会总人口中占有绝大多数，劳动者工资消费需求形成社会总需求的主要部分，其变动决定了社会总需求变动的主要方向。因此，要治理社会总需求下降，克服总需求不足，就要大力发展社会主义公有制，大力发展现代产权制度，大力发展与完善以公有制为主体多种经济形式并存的中国特色社会主义基本经济制度，这是解决总需求不足问题的根本制度途径。

第四章

利润引致需求函数：劳动生产率与社会生产规模对利润引致需求的作用

  利润引致需求是影响总需求和经济周期的重要因素。本章在马克思经济理论基础上构建利润引致需求函数关系，分析劳动生产率和社会生产规模对利润引致需求及其变化的作用、数量关系及其本质所在。社会生产规模分别以劳动者人数和资本数量两个方面来衡量。利润引致需求来自利润，而利润与劳动生产率和社会生产规模两者之间存在着函数关系，利润引致需求是劳动生产率和社会生产规模的复合函数①。利润引致需求分作利润消费需求和投资需求两个部分。

  第一步，确定劳动生产率和社会生产规模与利润之间的函数关系；第二步，分别讨论利润与利润消费需求和投资需求之间的函数关系；第三步，将后一种函数关系带入前一种函数关系之中，进而分别得到利润消费需求和投资需求与劳动生产率和社会生产规模两者之间的函数关系，将利润消费需求和投资需求相加，得出利润引致需求函

---

  ① 一个函数的特定形式，取决于研究工作相应的特定内容。不同研究工作的特定内容，会对应于不同的函数形式。因此，对于不同的研究内容，利润引致需求函数会有不同的形式。

数并予以分析。①

当劳动生产率提高和资本数量扩张时，利润引致需求不一定增长，如果资本有机构成的增长率高于劳动生产率和资本数量的增长率时，利润引致需求会下降，这就是经济增长中的总需求下降或总需求不足加剧现象。预期的不稳定性和投资在形成市场供给和需求上的时间差，会导致利润引致需求具有内在的不稳定性，从而导致宏观经济内在的不稳定性和周期性。在宏观经济政策制定中，特别关注这两点，具有至关重要的意义。

一、劳动生产率和社会生产规模
两者与利润之间的函数关系

（一）劳动生产率与利润之间的函数关系及其变化

利润与劳动生产率有着密切的函数关系，这一关系是通过剩余价值率和资本有机构成连接的。劳动生产率的变化，通过引起剩余价值率变化和资本有机构成变化，导致利润的变化。这一变化的本质在于劳动生产率变化引起的剩余价值变化：劳动生产率变化引起的剩余价值率变化会导致剩余价值相对可变资本从而相对总资本的变化；而劳动生产率变化引起的资本有机构成的变化则会导致总资本中可变资本的变化，从而

---

① 逻辑过程，可用下面的示意图来表示：

第一步（f 和 A → π），第二步（π → D_π），第三步（f 和 A → D_π）；

也可以近似用下列函数关系来表示：

第一步 $\pi = \pi(f, A)$，　　第二步 $D_\pi = D_\pi(\pi)$，

第三步 $D_\pi = D_\pi[\pi(f, A)]$，由此得出 $D_\pi = D_\pi(f, A)$。

导致剩余价值的变化。

1. 劳动生产率与利润之间的函数关系

用 π 表示利润总量①，利润总量等于利润率（π'）与资本总量（K）的乘积②，即：

$$\pi = \pi'K \qquad (4-1-1)$$

其中：

$$\pi' = \frac{\pi}{K} \qquad (4-1-2)$$

是利润率③。

资本总量等于不变资本（K_c）与可变资本（K_v）之和④，即：

$$K = K_c + K_v \qquad (4-1-3)$$

将（4-1-3）式代入（4-1-2）式，可得：

$$\pi' = \frac{\pi}{K_c + K_v} \qquad (4-1-4)$$

马克思指出，"剩余价值和利润实际上是一回事并且数量上也相等，……利润是剩余价值的表现形式。"⑤ 利润量等于剩余价值量（m），即：

$$\pi = m \qquad (4-1-5)$$

将（4-1-5）式代入（4-1-4）式，得：

$$\pi' = \frac{m}{K_c + K_v} \qquad (4-1-6)$$

---

① 用 P 表示利润（Profit）是比较合适的。但是，P 被更多地用来表示价格（Price），所以，为了不发生混乱，在学术著作中，π 常常用来表示利润，这是一种比较通行的表达方式。

② "实际获利的程度……决定于利润和总资本的比率，即……决定于利润率"。马克思恩格斯全集：第 25 卷 [M]. 北京：人民出版社，1974：50.

③ 马克思恩格斯全集：第 25 卷 [M]. 北京：人民出版社，1974：241.

④ 马克思恩格斯全集：第 23 卷 [M]. 北京：人民出版社，1972：235-236.

⑤ 马克思恩格斯全集：第 25 卷 [M]. 北京：人民出版社，1974：56.

（4 – 1 – 6）式等号右边分子分母同除以 K_v，得：

$$\pi' = \frac{\dfrac{m}{K_v}}{\dfrac{K_c}{K_v} + 1} \qquad (4 - 1 - 7)$$

其中：

$$\frac{m}{K_v} = m' \qquad (4 - 1 - 8)$$

是"剩余价值同可变资本的比率……这种相对的价值增殖或剩余价值的相对量，称为剩余价值率。"[1]

有：

$$\frac{K_c}{K_v} = \eta \qquad (4 - 1 - 9)$$

是"由资本技术构成决定并且反映技术构成变化的资本价值构成，叫作资本的有机构成。"[2]

将（4 – 1 – 8）式和（4 – 1 – 9）式代入（4 – 1 – 7）式，可得：

$$\pi' = \frac{m'}{1 + \eta} \qquad (4 - 1 - 10)$$

将（4 – 1 – 10）式代入（4 – 1 – 1）式，得：

$$\pi = K \frac{m'}{1 + \eta} \qquad (4 - 1 - 11)$$

因为剩余价值率（m'）和资本有机构成（η）都是劳动生产率（f）的函数，因此，有：

$$\pi(f) = K \frac{m'(f)}{1 + \eta(f)} \qquad (4 - 1 - 12)$$

（4 – 1 – 12）式表示了劳动生产率与利润之间的函数关系。（4 – 1 – 12）式表明，利润是剩余价值率和资本有机构成的函数，而剩余价值率和资

---

① 马克思恩格斯全集：第 23 卷 [M]. 北京：人民出版社，1972：242.

② 马克思恩格斯全集：第 23 卷 [M]. 北京：人民出版社，1972：672.

本有机构成则都是劳动生产率这个函数，因此，利润是劳动生产率的复合函数。

2. 劳动生产率与利润之间的变化关系

既然，劳动生产率是通过剩余价值率和资本有机构成与利润连接的，那么，劳动生产率的变化，就会通过剩余价值率和资本有机构成的变化，导致利润的变化。下面，首先，分别讨论剩余价值率和资本有机构成变化两方面引起的利润变化；其次，讨论两方面作用的综合效应。

（1）通过剩余价值率（m'）的作用。

根据（4-1-12）式，在假定资本有机构成不变的条件下，有：

$$\frac{\partial \pi}{\partial f}\Big|_{\eta = \text{常数}} = \frac{K}{1+\eta}\frac{\partial m'}{\partial f} \qquad (4-1-13)$$

因为 $K > 0$，$\eta > 0$，所以，有：

$$\frac{K}{1+\eta} > 0$$

并且，首先，在相对剩余价值理论中，马克思指出："相对剩余价值与劳动生产力成正比。它随着生产力提高而提高，随着生产力降低而降低。"[1] 社会劳动生产率提高会提高相对剩余价值率。其次，在超额剩余价值理论中，马克思指出，个别企业劳动生产率的相对提高，会增加个别企业的超额剩余价值，提高个别企业的剩余价值率[2]。总之，劳动生产率的提高会提高剩余价值率[3]，即：

$$\frac{\partial m'}{\partial f} > 0$$

所以：

①　马克思恩格斯全集：第 23 卷［M］. 北京：人民出版社，1972：355.

②　马克思恩格斯全集：第 23 卷［M］. 北京：人民出版社，1972：252 – 253.

③　如果考虑到产权制度不同，就会有 $\frac{\partial m'}{\partial f} \geqslant 0$。这将在以后的章节中予以讨论。

$$\frac{\partial \pi}{\partial f}\bigg|_{\eta = \text{常数}} = \frac{K}{1+\eta}\frac{\partial m'}{\partial f} > 0 \qquad (4-1-14)$$

即，在假定资本有机构成不变的条件下，通过剩余价值率的作用，利润会随着劳动生产率的提高而增加。

（2）通过资本有机构成（η）的作用。

根据（4-1-12）式，在假定剩余价值率不变的条件下，有：

$$\frac{\partial \pi}{\partial f}\bigg|_{m' = \text{常数}} = \frac{-m'K}{(1+\eta)^2}\frac{\partial \eta}{\partial f} \qquad (4-1-15)$$

因为 $K > 0$，$\eta > 0$，$m' > 0$，所以，有：

$$\frac{m'K}{(1+\eta)^2} > 0$$

并且，正如马克思所指出："劳动生产率的增长，表现为劳动的量比它所推动的生产资料的量相对减少，或者说，表现为劳动过程的主观因素的量比它的客观因素的量相对减少。资本技术构成的这一变化，即生产资料的量比推动它的劳动力的量相对增长，又反映在资本的价值构成上，即资本价值的不变组成部分靠减少它的可变组成部分而增加。"[1] 这就是说，随着劳动生产率（f）的提高，资本有机构成是提高的，即：

$$\frac{\partial \eta}{\partial f} > 0$$

将上式代入（4-1-15）式，得：

$$\frac{\partial \pi}{\partial f}\bigg|_{m' = \text{常数}} = \frac{-m'K}{(1+\eta)^2}\frac{\partial \eta}{\partial f} < 0 \qquad (4-1-16)$$

即，在剩余价值率不变的条件下，劳动生产率提高引起的资本有机构成提高，会导致利润减少。《资本论》第三卷中所阐明的"平均利润率下

---

[1]　马克思恩格斯全集：第23卷［M］. 北京：人民出版社，1972：683-684."可变资本同不变资本从而同总资本相比的这种不断的相对减少，和社会资本的平均有机构成的不断提高是同一的。这也只是劳动的社会生产力不断发展的另一种表现"。马克思恩格斯全集：第25卷［M］. 北京：人民出版社，1975：236-237.

降规律"讨论的就是这个问题。马克思指出："不变资本同可变资本相比的这种逐渐增加，就必然会有这样的结果：在剩余价值率不变或资本对劳动的剥削程度不变的情况下，一般利润率会逐渐下降。""一般利润率日益下降的趋势，只是劳动的社会生产力日益发展在资本主义生产方式下所特有的表现。"①

（3）综合效应。

劳动生产率引起利润的变化，是由剩余价值率和资本有机构成变化两个方面同时发生作用的综合效应决定，即：

$$\frac{\partial \pi}{\partial f} = \frac{\partial \pi}{\partial f}\Big|_{m'=\text{常数}} + \frac{\partial \pi}{\partial f}\Big|_{\iota=\text{常数}} = \frac{K}{1+\eta}\frac{\partial m'}{\partial f} + \frac{-m'K}{(1+\eta)^2}\frac{\partial \eta}{\partial f}$$

由此得：

$$\frac{\partial \pi}{\partial f} = \frac{m'K}{1+\eta}\left(\frac{\frac{\partial m'}{\partial f}}{m'} - \frac{\frac{\partial \eta}{\partial f}}{1+\eta}\right) \qquad (4-1-17)$$

将（4-1-11）式代入上式，得：

$$\frac{\frac{\partial \pi}{\partial f}}{\pi} = \frac{\frac{\partial m'}{\partial f}}{m'} - \frac{\frac{\partial \eta}{\partial f}}{1+\eta} \qquad (4-1-18)$$

（4-1-18）式表达了劳动生产率变化通过剩余价值率和资本有机构成两个方面作用的综合效应。由（4-1-18）式可见，在总资本量不变的条件下，如果劳动生产率提高引起的剩余价值率的提高率高于资本有机构成的提高率，劳动生产率的提高会引起利润的增长；反之，如果劳动生产率提高引起的资本有机构成的提高率高于剩余价值率的提高率，劳动生产率的提高则会引起利润的下降。

《资本论》第三卷中关于"平均利润率下降趋势和反作用因素"，讨论的就是这两方面的综合效应。马克思指出："生产相对剩余价值的

---

① 马克思恩格斯全集：第 25 卷［M］. 北京：人民出版社，1975：236-237.

办法总的说来可以归结为：一方面，使一定量劳动尽可能多地转化为剩余价值，另一方面，同预付资本相比，又尽可能少地使用劳动；所以，使人们可以提高劳动剥削程度的同一些原因，都使人们不能用同一总资本去剥削和以前一样多的劳动。这是两个相反的趋势，它们使剩余价值率提高，同时又使一定量资本所生产的剩余价值量减少，从而使利润率下降。""使剩余价值率提高（甚至延长劳动时间也是大工业的一个结果）的同一些原因，趋向于使一定量资本所使用的劳动力减少，所以同一些原因趋向于使利润率降低，同时又使这种降低的运动延缓下来。"①

（二）社会生产规模与利润之间的函数关系及其变化

利润量与社会生产规模也有着密切的函数关系。从本质上讲，这是因为社会生产规模与所推动的剩余价值量密切相关。社会生产规模没有单一的表达形式，既可以用资本量来表达，也可以用劳动者人数（就业人数）来表达。所以，下面分别以劳动人数衡量社会生产规模和以资本数量衡量社会生产规模，来讨论利润与社会生产规模及其变化的函数关系。

1. 以劳动者人数（L）衡量社会生产规模

如果以劳动者人数（就业人数）衡量社会生产规模，那么，在剩余价值率不变的条件下，利润会随着社会生产规模增大而增加。

在价值层面上，工资等于可变资本（K_v）②，K_v 也可以用来表示工资量。工资总量（K_v）是工资率 w（单个工人单位时间的工资）与劳动者人数（就业人数）L 的乘积，即：

---

① 马克思恩格斯全集：第 25 卷［M］．北京：人民出版社，1974：259 – 261.
② 马克思恩格斯全集：第 23 卷［M］．北京：人民出版社，1972：235.

$$K_v = wL \qquad (4-1-19)$$

根据（4-1-5）式和（4-1-8）式，有：

$$\pi = m'K_v \qquad (4-1-20)$$

将（4-1-19）式代入（4-1-20）式，得：

$$\pi = m'wL \qquad (4-1-21)$$

（4-1-21）式是劳动者人数（就业人数）与利润之间的函数关系。

由（4-1-21）式可得：

$$\frac{\partial \pi}{\partial L} = m'w \qquad (4-1-22)$$

因为 $m' > 0$，$w > 0$，所以：

$$\frac{\partial \pi}{\partial L} > 0 \qquad (4-1-23)$$

即，利润会随着以劳动者人数衡量的社会生产规模增大而增加。从本质上讲，这是因为，在剩余价值率不变的条件下，劳动者人数增加，剩余价值量就会增加，因此，利润就会增加。

2. 以资本衡量社会生产规模

如果以资本衡量社会生产规模，则情况比较复杂，因为，利润和利润率不仅取决于资本的绝对数量，而且还取决于资本有机构成。从本质上讲，这是因为，资本推动的活劳动生产的剩余价值量，不仅取决于资本的绝对数量，而且取决于资本的有机构成。

（4-1-11）式表示了利润和资本量的函数关系。根据（4-1-11）式，在假定资本有机构成不变的条件下，有：

$$\frac{\partial \pi}{\partial K} = \frac{m'}{1 + \eta}$$

因为 $\eta > 0$，$m' > 0$，所以，有：

$$\frac{\partial \pi}{\partial K} = \frac{m'}{1 + \eta} > 0 \qquad (4-1-24)$$

即，利润会随资本量的增加而增加。

在资本量增长的同时，资本有机构成也会提高。如果考虑资本有机构成的变化，在假定资本量不变的条件下，则有：

$$\frac{\partial \pi}{\partial \eta} = \frac{-m'}{(1+\eta)^2} K$$

因为 $\eta > 0$，$m' > 0$，所以，有：

$$\frac{\partial \pi}{\partial \eta} = \frac{-m'}{(1+\eta)^2} K < 0 \qquad (4-1-25)$$

即，利润会随着资本有机构成的提高而减少。

利润的变化取决于资本量变化与资本有机构成变化的综合效应：

$$d\pi = \frac{\partial \pi}{\partial K} dK + \frac{\partial \pi}{\partial \eta} d\eta \qquad (4-1-26)$$

将（4-1-24）式和（4-1-25）式代入（4-1-26）式，可得：

$$d\pi = \frac{\partial \pi}{\partial K} dK + \frac{\partial \pi}{\partial \eta} d\eta = \frac{m'}{1+\eta} dK + \frac{-m'K}{(1+\eta)^2} d\eta$$

由此得：

$$d\pi = \frac{m'K}{(1+\eta)} \left[\frac{dK}{K} - \frac{d\eta}{(1+\eta)} \right] \qquad (4-1-27)$$

根据（4-1-11）式，有：

$$d\pi = \pi \left[\frac{dK}{K} - \frac{d\eta}{(1+\eta)} \right]$$

由此得：

$$\frac{d\pi}{\pi} = \frac{dK}{K} - \frac{d\eta}{(1+\eta)} \qquad (4-1-28)$$

（4-1-28）式表明，利润的变化率取决于资本量变化率与资本有机构成变化率的组合效应，当资本有机构成的增长率高于资本量的增长率时，利润会减少；反之，当资本量的增长率高于资本有机构成的增长率时，利润量会增加。利润的变化归根到底是因为剩余价值的变化。马克思说明了上述现象的本质，他指出：资本有机构成提高所导致的"利润率不断下降的规律，或者说，所占有的剩余劳动同活劳动所推动的物化劳动的量相比相对减少的规律，决不排斥这样的情况：社会资本所推动和所剥削的劳动的绝对量在增大，因而社会资本所占有的剩余劳动的绝对量也在增大"。[①]

二、利润消费需求（$D_{\pi c}$）函数关系

本章第一部分，确定了劳动生产率和社会生产关系两者与利润之间的函数关系。此基础上，第二部分、第三部分和第四部分，将进一步讨论利润引致需求与劳动生产率和社会生产关系之间的函数关系。

利润引致需求（D_π）分作两个部分：第一，是利润中用于消费的部分形成的利润引致需求部分（$D_{\pi c}$），简称为利润消费需求；第二，是利润中用于投资的部分形成的利润引致需求部分（$D_{\pi l}$），简称为投资需求。因此，有：

$$D_\pi = D_{\pi c} + D_{\pi l} \qquad (4-2-1)$$

本章第二部分讨论利润消费需求（$D_{\pi c}$）函数；第三部分讨论投资需求（$D_{\pi l}$）函数；第四部分将利润消费需求和投资需求相加，得到利润引致需求（D_π）函数，并给予分析。

下面讨论劳动生产率和社会生产规模两者与利润消费需求（$D_{\pi c}$）的函数关系。劳动生产率和社会生产规模两者与利润消费需求关系，是通过利润（π）这个中间变量作用的。所以，首先，确定利润消费需求与利润（π）之间的函数关系；其次，在这个函数关系中代入第一部分得出的利润（π）与劳动生产率和社会生产规模两者的函数关系，由此就可以得出劳动生产率和社会生产规模两者与利润消费需求（$D_{\pi c}$）的

---

① 马克思恩格斯全集：第 25 卷 [M]. 北京：人民出版社，1974：241.

函数关系。

（一）利润（π）与利润消费需求（$D_{\pi c}$）的函数关系

利润消费需求（$D_{\pi c}$）来自利润，是利润的函数，可写为：

$$D_{\pi c} = c_\pi \pi \qquad\qquad (4-2-2)$$

其中，c_π 是利润的消费强度。

马克思指出：在资本主义初期，"就资本家的一切行动只是通过他才具有意志和意识的资本的职能而论，他的私人消费，对他来说也就成了对他的资本积累的掠夺"。[①] 在这个时期，利润消费需求（$D_{\pi c}$）比较小。然而，"随着资本主义生产方式、积累和财富的发展，资本家不再仅仅是资本的化身"[②]。剩余价值的巨额增长，为资本家提供了奢侈性消费的源泉，其奢侈性消费大幅度增加。正如马克思所指出的："现代化的资本家却能把积累看作是'放弃'自己的享受欲"，"资本家的挥霍仍然和积累一同增加，一方决不会妨害另一方。"[③] 因此，随着资本主义的发展，剩余价值的迅速增长导致利润大幅度增加，利润消费需求（$D_{\pi c}$）随之大幅度提高。

虽然，在现代，就个人而言，利润消费需求绝对数量很大，但是，由于控制利润进行利润消费的人数在总人口占的比例很小，利润消费需求在整个利润量中占的比例也很小，所以，c_π 的数值很小，而且对利润量的边际消费强度递减，即：

$$D'_{\pi c \mid \pi} = \frac{dD_{\pi c}}{d\pi} = c_\pi > 0 \qquad\qquad (4-2-3)$$

但是：

---

① 马克思恩格斯全集：第 23 卷 [M]. 北京：人民出版社，1972：650.
②③ 马克思恩格斯全集：第 23 卷 [M]. 北京：人民出版社，1972：651.

$$D''_{\pi c \mid \pi} = \frac{d^2 D_{\pi c}}{d\pi^2} < 0 \qquad (4-2-4)$$

为了研究简单化，c_{π} 可以假定为常数。

（二）利润消费需求（$D_{\pi c}$）与劳动生产率（f）的函数关系

将（4-1-12）式代入（4-2-2）式，有：

$$D_{\pi c} = c_{\pi} K \frac{m'(f)}{1 + \eta(f)} \qquad (4-2-5)$$

（4-2-5）式是利润消费需求（$D_{\pi c}$）与劳动生产率（f）的函数关系。

根据（4-2-2）式，有：

$$D'_{\pi c \mid f} = \frac{\partial D_{\pi c}}{\partial f} = c_{\pi} \frac{\partial \pi}{\partial f} \qquad (4-2-6)$$

将（4-1-13）式代入（4-2-6）式，得：在假定资本有机构成不变的条件下，有：

$$\frac{\partial D_{\pi c}}{\partial f}\bigg|_{\eta = 常数} = c_{\pi} \frac{K}{1 + \eta} \frac{\partial m'}{\partial f} \qquad (4-2-7)$$

根据（4-2-14）式，可知：

$$\frac{\partial D_{\pi c}}{\partial f}\bigg|_{\eta = 常数} = c_{\pi} \frac{K}{1 + \eta} \frac{\partial m'}{\partial f} > 0$$

即，在假定资本有机构成不变的条件下，利润消费需求会随着劳动生产率的提高而增加。这是因为，在资本有机构成不变的假定条件下，劳动生产率的增长会引起剩余价值率的提高，进而导致剩余价值和利润的增长，从而促进了利润消费需求的增加。

将（4-1-15）式代入（4-2-6）式，得：在假定剩余价值率不变的条件下，有：

$$\frac{\partial D_{\pi c}}{\partial f}\bigg|_{m' = 常数} = c_{\pi} \frac{-m' K}{(1 + \eta)^2} \frac{\partial \eta}{\partial f} \qquad (4-2-8)$$

根据（4-1-16）式，可知：

$$\frac{\partial D_{\pi c}}{\partial f}\bigg|_{m'=\text{常数}} = c_\pi \frac{-m'K}{(1+\eta)^2}\frac{\partial \eta}{\partial f} < 0$$

即，在剩余价值率不变的条件下，劳动生产率提高引起的资本有机构成提高，会导致利润消费需求减少。这是因为，在剩余价值率不变的假定条件下，劳动生产率提高会引起资本有机构成的提高，在总资本量不变的情况下，资本推动的活劳动会减少，因此剩余价值量会减少，利润量会减少，进而导致利润消费需求减少。

劳动生产率引起利润消费需求的变化，由上述两个方面的综合效应决定，即：

$$\frac{\partial D_{\pi c}}{\partial f} = \frac{\partial D_{\pi c}}{\partial f}\bigg|_{m'=\text{常数}} + \frac{\partial D_{\pi c}}{\partial f}\bigg|_{\eta=\text{常数}} = c_\pi \left[\frac{K}{1+\eta}\frac{\partial m'}{\partial f} + \frac{-m'K}{(1+\eta)^2}\frac{\partial \eta}{\partial f}\right]$$

由此得：

$$\frac{\partial D_{\pi c}}{\partial f} = c_\pi \frac{m'K}{1+\eta}\left(\frac{\frac{\partial m'}{\partial f}}{m'} - \frac{\frac{\partial \eta}{\partial f}}{1+\eta}\right)$$

将（4-2-5）代入上式，得：

$$\frac{\frac{\partial D_{\pi c}}{\partial f}}{D_{\pi c}} = \frac{\frac{\partial m'}{\partial f}}{m'} - \frac{\frac{\partial \eta}{\partial f}}{1+\eta} \qquad (4-2-9)$$

由（4-2-9）式可见，在总资本量不变的条件下，如果劳动生产率提高引起的剩余价值率的提高率高于资本有机构成的提高率，劳动生产率的提高会引起利润消费需求的增长；反之，如果劳动生产率提高引起的资本有机构成的提高率高于剩余价值率的提高率，劳动生产率的提高会引起利润消费需求的下降。这是因为，在前一种情况中，剩余价值率提高带来的剩余价值量增加，多于资本有机构成提高导致的剩余价值量减少，因此，总的来说，剩余价值量是增加的，利润是增加的，从而导致利润消费需求增加。第二种情况中，剩余价值率提高带来的剩余价值量增加，少于资本有机构成提高导致的剩余价值量减少，因此，总的来说，剩余价值量是减少的，利润是减少的，从而导致利润消费需求下降。

（三）利润消费需求（$D_{\pi c}$）与社会生产规模之间的函数关系

利润（π）与社会生产规模之间的关系比较复杂，因而，利润消费需求（$D_{\pi c}$）与社会生产规模之间的函数关系也较为复杂。下面，分别以劳动人数衡量社会生产规模和以资本数量衡量社会生产规模，来讨论社会生产规模与利润消费需求之间的函数关系。

1. 以劳动者人数衡量社会生产规模

将（4-1-21）式代入（4-2-2）式可得：

$$D_{\pi c} = c_{\pi} m' wL \qquad (4-2-10)$$

（4-2-10）式是以劳动者人数衡量的社会生产规模与利润消费需求之间的函数关系。

根据（4-2-10）式，有：

$$\frac{\partial D_{\pi c}}{\partial L} = c_{\pi} m' w$$

因为 $c_{\pi} > 0$，$m' > 0$，$w > 0$，所以，有：

$$\frac{\partial D_{\pi c}}{\partial L} = c_{\pi} m' w > 0 \qquad (4-2-11)$$

即，利润消费需求会随着劳动者数量（就业量）增加而增加，也就是利润消费需求会随着以劳动者人数衡量的社会生产规模扩大而增加。这是因为，劳动者人数的增加，生产的剩余价值量增加，利润量增加，从而导致利润消费需求的增加。

2. 以资本衡量社会生产规模

将 (4 - 1 - 11) 式代入 (4 - 2 - 2) 式，可得：

$$D_{\pi c} = c_{\pi} \frac{m'}{1 + \eta} K \qquad (4 - 2 - 12)$$

(4 - 2 - 12) 式是利润消费需求与资本量的函数关系。

根据 (4 - 2 - 2) 式，可得：

$$dD_{\pi c} = c_{\pi} d\pi \qquad (4 - 2 - 13)$$

将 (4 - 1 - 27) 式代入 (4 - 2 - 13) 式，可得：

$$dD_{\pi c} = c_{\pi} d\pi = c_{\pi} \frac{m'K}{(1 + \eta)} \left[\frac{dK}{K} - \frac{d\eta}{(1 + \eta)} \right] \qquad (4 - 2 - 14)$$

将 (4 - 2 - 5) 式代入 (4 - 2 - 14) 式，可得：

$$dD_{\pi c} = D_{\pi c} \left[\frac{dK}{K} - \frac{d\eta}{(1 + \eta)} \right]$$

由此得：

$$\frac{dD_{\pi c}}{D_{\pi c}} = \frac{dK}{K} - \frac{d\eta}{(1 + \eta)} \qquad (4 - 2 - 15)$$

(4 - 2 - 15) 式表明，利润消费需求的变化率取决于资本量变化率与资本有机构成变化率的组合效应，即，在假定剩余价值率不变的情况下，如果社会资本规模增长的速度高于资本有机构成提高的速度，那么，随着社会资本规模的扩大，利润消费需求会增长；反之，如果资本有机构成提高的速度高于社会资本规模扩大的速度，那么，随着社会资本规模的扩大，利润消费需求会减少。这是因为，在前一种情况中，资本数量增长推动的活劳动增长量，多于资本有机构成提高所导致的活劳动减少量，总的来说，活劳动量是增加的，活劳动生产的剩余价值量和利润量都是增加的，从而推动了利润消费需求的增加。在后一种情况中，资本数量增长推动的活劳动增长量，少于资本有机构成提高所导致的活劳动减少量，总的来说，活劳动量是减少的，活劳动生产的剩余价值量减少了，利润量减少了，从而导致了利润消费需求的减少。

在假定资本量不变时，假定：

$$dK = 0$$

时，有：

$$\frac{dD_{\pi c}}{D_{\pi c}} = -\frac{d\eta}{(1 + \eta)} \qquad (4-2-16)$$

即，利润消费需求随着资本有机构成的提高而减少。这是因为，在资本量不变的条件下，资本有机构成的提高会减少资本推动的活劳动量，从而减少剩余价值和利润量，进而导致利润消费需求减少。

在假定资本有机构成不变时，假定：

$$d\eta = 0$$

时，有：

$$\frac{dD_{\pi c}}{D_{\pi c}} = \frac{dK}{K} \qquad (4-2-17)$$

即，利润消费需求会随资本量的增长而增长。这是因为，在资本有机构成不变的条件下，资本量的增长会推动更多的活劳动，从而生产出更多的剩余价值和利润，进而推动利润消费需求的增长。

三、投资需求（$D_{\pi I}$）函数关系

投资需求（$D_{\pi I}$）是利润中用于投资的部分形成的利润引致需求部分①。其决定因素比较复杂，主要取决于利润和预期利润率的变化，正如马克思所指出的：投资量"取决于利润以及这个利润和所使用的资

---

① 广义的投资需求，包含有固定资本更新产生的需求。不过，这个需求不来自利润，是一个需要专门研究的论题，我们将在后面的论著中专门研究。

本之比，即一定水平的利润率。"①

利润中一部分用于消费，形成利润消费需求；另一部分则用于投资，形成投资需求源泉（$D_{\pi lo}$）。在市场经济中，利润形成的投资需求源泉并不能直接转化为投资。利润形成的投资需求源泉（$D_{\pi lo}$），要通过预期利润率（π'_e），才能转化为实际投资需求（$D_{\pi l}$）。利润是投资的源泉，预期利润率则是这个源泉转化为实际投资的决定性因素。投资需求是一个导致宏观经济不稳定性和周期性波动的重要因素。

下面，首先，确定投资需求源泉（$D_{\pi lo}$）与劳动生产率和社会生产规模两者之间的函数关系；说明劳动生产率和社会生产规模，通过利润（π），对投资需求源泉的决定。其次，讨论投资需求（$D_{\pi l}$）与预期利润率（π'_e）的函数关系；说明投资需求源泉（$D_{\pi lo}$），通过预期利润率，向实际投资需求（$D_{\pi l}$）的转化。最后，简要阐明投资需求的经济不稳定性。

（一）投资需求源泉（$D_{\pi lo}$）与劳动生产率和社会生产规模两者之间的函数关系

投资需求源泉（$D_{\pi lo}$）与劳动生产率和社会生产规模两者之间的函数关系，是通过利润（π）这个中间变量实现的。所以，首先，确定投资需求源泉（$D_{\pi lo}$）与利润（π）的函数关系；其次，在其中分别代入第一部分得出的利润与劳动生产率和社会生产规模的函数关系；由此可以分别得出投资需求源泉（$D_{\pi lo}$）与劳动生产率和社会生产规模两者之间的函数关系。

1. 利润（π）与投资需求源泉（$D_{\pi lo}$）的函数关系

利润是投资需求的源泉。本质上，利润就是剩余价值，投资就是资

---

① 马克思恩格斯全集：第 25 卷［M］. 北京：人民出版社，1974：288.

本积累。马克思指出："把剩余价值当作资本使用，或者说，把剩余价值再转化为资本，叫作资本积累。"[①] 因此，投资需求的源泉来自利润，在本质上就是来自剩余价值。利润中大部分会用于投资，构成投资需求源泉，两者之间的关系为：

$$D_{\pi lo} = i_{\pi} \pi \qquad (4-3-1)$$

（4-3-1）式是利润与投资需求源泉的函数关系。其中，i_{π} 是利润的投资强度，也就是利润的投资系数。由于利润中大部分会用于投资，所以其数值接近 1。

根据（4-3-1）式，有：

$$\frac{\partial D_{\pi lo}}{\partial \pi} = i_{\pi} > 0 \qquad (4-3-2)$$

即，投资需求源泉会随着利润的增加而增加，在本质上也就是随着剩余价值增加而增加。

在不考虑政府作用的封闭经济的假定下，利润分解为消费部分和投资部分，即：

$$\pi = D_{\pi c} + D_{\pi lo} \qquad (4-3-3)$$

将（4-2-2）式和（4-3-1）式代入（4-3-3）式，得：

$$\pi = c_{\pi} \pi + i_{\pi} \pi = (c_{\pi} + i_{\pi}) \pi$$

由此得：

$$i_{\pi} + c_{\pi} = 1 \qquad (4-3-4)$$

（4-3-4）式是利润分解为消费部分和投资部分的系数表达式。

2. 投资需求源泉与劳动生产率之间的函数关系

将劳动生产率与利润之间的函数关系（4-1-12）式代入（4-3-1）式，得：

---

① 马克思恩格斯全集：第 23 卷 [M]. 北京：人民出版社，1972：635.

$$D_{\pi lo} = i_\pi K \frac{m'(f)}{1 + \eta(f)} \qquad (4-3-5)$$

（4－3－5）式表示了投资需求源泉与劳动生产率之间的函数关系。

根据（4－3－1）式，有：

$$\frac{\partial D_{\pi lo}}{\partial f} = i_\pi \frac{\partial \pi}{\partial f}$$

将（4－1－17）式代入上式，得：

$$\frac{\partial D_{\pi lo}}{\partial f} = i_\pi \frac{m'K}{1 + \eta} \left(\frac{\frac{\partial m'}{\partial f}}{m'} - \frac{\frac{\partial \eta}{\partial f}}{1 + \eta} \right)$$

将（4－3－5）式入上式，得：

$$\frac{\partial D_{\pi lo}}{\partial f} = D_{\pi lo} \left(\frac{\frac{\partial m'}{\partial f}}{m'} - \frac{\frac{\partial \eta}{\partial f}}{1 + \eta} \right)$$

由此得：

$$\frac{\frac{\partial D_{\pi lo}}{\partial f}}{D_{\pi lo}} = \frac{\frac{\partial m'}{\partial f}}{m'} - \frac{\frac{\partial \eta}{\partial f}}{1 + \eta} \qquad (4-3-6)$$

即，在总资本量不变的条件下，如果劳动生产率提高引起的剩余价值率的提高率高于资本有机构成的提高率，劳动生产率的提高会引起投资需求源泉的增长；反之，如果劳动生产率提高引起的资本有机构成的提高率高于剩余价值率的提高率，劳动生产率的提高则会引起投资需求源泉的下降。这是因为，在前一种情况中，剩余价值率提高导致的剩余价值增加，多于资本有机构成提高引起的剩余价值减少，因此，总的来说，剩余价值是增加的，利润是增加的，投资需求源泉因而增加；在后一种情况中，剩余价值率提高导致的剩余价值增加，少于资本有机构成提高引起的剩余价值减少，因此，总的来说，剩余价值是减少的，利润是减少的，投资需求源泉因而减少。

3. 投资需求源泉与社会生产规模之间的函数关系

社会生产规模可以从劳动者人数（就业人数）和资本量两个方面考察。所以，投资需求源泉与社会生产规模之间的函数关系，也需要从劳动者人数（就业人数）和资本量两个方面考察。

（1）以劳动者人数计量社会生产规模。

将劳动者人数（就业人数）与利润之间的函数关系（4-1-21）式代入（4-3-1）式，得：

$$D_{\pi lo} = i_\pi m' wL \qquad (4-3-7)$$

（4-3-7）式表示了投资需求源泉与以劳动者人数计量的社会生产规模之间的函数关系。

根据（4-3-7）式，有：

$$\frac{\partial D_{\pi lo}}{\partial L} = i_\pi m' w$$

因为 $i_\pi > 0$，$m' > 0$，$w > 0$，所以，有：

$$\frac{\partial D_{\pi lo}}{\partial L} = i_\pi m' w > 0 \qquad (4-3-8)$$

即，投资需求源泉会随着劳动者人数的增加而增加。这是因为，劳动人数的增加会生产更多的剩余价值，更多的利润，从而导致投资需求源泉增加。

（2）以资本量度量社会生产规模。

将资本量和利润的函数关系（4-1-11）式代入（4-3-1）式，得：

$$D_{\pi lo} = i_\pi \frac{m'}{1+\eta} K \qquad (4-3-9)$$

（4-3-9）式表示了投资需求源泉与以资本量度量的社会生产规模之间的函数关系。

根据（4-3-1）式，有：

$$dD_{\pi lo} = i_\pi d\pi$$

将（4–1–27）式代入上式，得：

$$dD_{\pi lo} = i_\pi \frac{m'K}{(1+\eta)} \Big[\frac{dK}{K} - \frac{d\eta}{(1+\eta)} \Big] \qquad (4-3-10)$$

将（4–3–9）式代入上式，得：

$$dD_{\pi lo} = D_{\pi lo} \Big[\frac{dK}{K} - \frac{d\eta}{(1+\eta)} \Big]$$

由此得：

$$\frac{dD_{\pi lo}}{D_{\pi lo}} = \frac{dK}{K} - \frac{d\eta}{(1+\eta)} \qquad (4-3-11)$$

（4–3–11）式表明，投资需求源泉的变化率取决于资本量变化率与资本有机构成变化率的组合效应。当资本量的增长率高于资本有机构成的增长率时，投资需求源泉量会增加；反之，当资本有机构成的提高率高于资本量的增长率时，投资需求源泉量则会减少。就是因为，在前一种情况中，增加的资本量所推动的活劳动的增加，多于资本有机构成提高所导致的活劳动减少，因此，活劳动所生产的剩余价值会增加，利润会增加，从而投资的需求源泉会增加；在后一种情况中，增加的资本量所推动的活劳动的增加，少于资本有机构成提高所导致的活劳动减少，因此，活劳动所生产的剩余价值会减少，利润会减少，从而投资的需求源泉会减少。

（二）投资需求（$D_{\pi l}$）与预期利润率（π_e'）的函数关系

1. 投资需求源泉向实际投资的转化

在市场经济中，投资行为是由市场投资主体个体实现的，市场投资主体则是依据预期利润率来进行投资的，因此，投资需求源泉（$D_{\pi lo}$），要通过市场投资主体预期利润率（π_e'）转化为实际投资，形成投资需求（$D_{\pi l}$）。实际投资需求和投资需求源泉的函数关系可以写为：

$$D_{\pi l} = \varepsilon_\pi D_{\pi l o} \qquad (4-3-12)$$

其中：

$$\varepsilon_\pi = \frac{D_{\pi l}}{D_{\pi l o}} \qquad (4-3-13)$$

是预期利润率效应系数，表示投资需求源泉转化为实际投资需求的比例。ε_π 是预期利润率的函数，即：

$$\varepsilon_\pi = \varepsilon_\pi(\pi_e') \qquad (4-3-14)$$

其中，等号左边的 ε_π 是预期利润率效应系数，等号右边的 ε_π 是函数符号。在一般情况下，利润率效应系数会随着预期利润率的提高而增加，即：

$$\frac{\partial \varepsilon_\pi}{\partial \pi_e'} > 0 \qquad (4-3-15)$$

将（4-3-14）式代入（4-3-12）式，有：

$$D_{\pi l} = \varepsilon_\pi(\pi_e') D_{\pi l o} \qquad (4-3-16)$$

（4-3-16）式表示了投资需求与预期利润率的函数关系。

根据（4-3-16）式，有：

$$\frac{\partial D_{\pi l}}{\partial \pi_e'} = D_{\pi l o} \frac{\partial \varepsilon_\pi}{\partial \pi_e'} \qquad (4-3-17)$$

根据（4-3-15）式，有：

$$\frac{\partial D_{\pi l}}{\partial \pi_e'} > 0 \qquad (4-3-18)$$

（4-3-18）式表明，投资需求与预期利润率正向相关，投资需求会随着预期利润率的提高而增加，即：当预期利润率比较高时，实际投资和投资需求就比较高；而预期利润率比较低时，实际投资和投资需求就比较低。

预期利润率效应是一个非常复杂的问题，涉及经济的稳定性及其周期性，构成一个专门研究的课题。本章旨在主要研究社会生产发展对总需求与总需求不足的系统作用，就本章的研究内容而言，这里假定：

$$\varepsilon_\pi < 1 \qquad\qquad (4-3-19)$$

并且为常数。在这个假定下，有：

$$D_{\pi l} < D_{\pi l o} \qquad\qquad (4-3-20)$$

也就是，利润或者投资需求源泉只能有一部分转化为投资需求，不能完全转化为投资需求。投资需求源泉与投资需求的差额：

$$\Delta D_{\pi l} = D_{\pi l o} - D_{\pi l} \qquad\qquad (4-3-21)$$

可以称为投资需求缺口。正是这个投资需求缺口及其运行形成了宏观经济运行的不稳定性和迟滞可能性。①

2. 投资需求的宏观经济不稳定性

投资需求以至于投资缺口是最不稳定的经济因素，会导致宏观经济的周期性波动和不稳定性。这就是投资需求的宏观经济不稳定性。关于宏观经济不稳定性及其周期性的专门研究，将是第七章的任务。对此，这里仅在本章的范围内做两点简要说明。

第一，如前所述，决定投资需求的利润率是市场投资主体的预期利润率（π'_e），因此，首先，会产生投资需求缺口；其次，预期会受到各种经济与非经济因素的作用，是非常不稳定的。这些就导致了投资的不稳定性，从而导致了宏观经济的不稳定性。

第二，投资形成的是当期的投资需求，即：

$$D_{\pi l, t} = I_t \qquad\qquad (4-3-22)$$

而在形成当期投资需求的同时，投资会形成下一期的市场供给增量，即：

$$\Delta S_{t+1} = S(I_t) \qquad\qquad (4-3-23)$$

因此，当期的市场供给是：

---

① 投资需求缺口，在西方经济学中，相对应于储蓄与投资的缺口，实际上，也是供求的缺口，因为，投资需求源泉在量上对应于供给，投资需求则在需求边。

$$S_t = S_{t-1} + \Delta S_t = S_{t-1} + S(I_{t-1}) \qquad (4-3-24)$$

即，当期的市场供给由上一期的投资决定，是上一个时期投资的函数。（4-3-22）式和（4-3-24）式表明了投资在形成市场供给和需求上的时间差，这种时间差会引起经济的周期性波动。①

预期的不稳定性、投资需求缺口（投资需求源泉与投资需求的数量差）和投资在形成市场供给和需求上的时间差，相互影响，共同作用，就会导致宏观经济的不稳定性、周期性波动和迟滞可能性。

四、利润引致需求（D_π）函数关系

利润引致需求（D_π），由利润消费需求（$D_{\pi c}$）和投资需求（$D_{\pi I}$）两部分组成，（4-2-1）式表示了这个关系：

$$D_\pi = D_{\pi c} + D_{\pi I} \qquad (4-2-1)$$

前面已经分别讨论了利润消费需求和投资需求。下面，假定利润消费需求和投资需求之间没有交互效应，将这两部分相加，分别讨论利润引致需求（D_π）与劳动生产率、劳动者人数和资本数量之间的函数关系。

（一）利润引致需求与劳动生产率之间的函数关系

将（4-2-5）式、（4-3-5）式和（4-3-12）式代入（4-2-1）式，可得：

$$D_\pi = D_{\pi c} + D_{\pi I} = c_\pi K \frac{m'(f)}{1+\eta(f)} + \varepsilon_\pi i_\pi K \frac{m'(f)}{1+\eta(f)}$$

---

① 白瑞雪，白暴力. 马克思宏观经济系统模型［M］. 北京：经济科学出版社，2018. 白暴力，白瑞雪. 投资增长与周期统一模型［J］. 中国高校社会科学，2013（3）：125-158. 在第七章中，将使用差分方程建立动态模型来讨论这个问题。

由此得：

$$D_\pi = (c_\pi + \varepsilon_\pi i_\pi) K \frac{m'(f)}{1 + \eta(f)} \qquad (4-4-1)$$

（4-4-1）式是利润引致需求与劳动生产率之间的函数关系，表明劳动生产率通过剩余价值率和资本有机构成对利润引致需求发生作用。

根据（4-4-1）式，在假定资本有机构成不变的条件下，有：

$$\frac{\partial D_\pi}{\partial f}\bigg|_{\eta=常数} = (c_\pi + \varepsilon_\pi i_\pi) \frac{K}{1+\eta} \frac{\partial m'}{\partial f} \qquad (4-4-2)$$

由（4-4-2）式可见，在假定资本有机构成不变的条件下，利润引致需求随着劳动生产率引起的剩余价值率提高而增加。这是因为，在资本有机构成不变的条件下，剩余价值率提高会使剩余价值量增加和利润量增加，从而导致投资需求源泉增加，进而致使利润引致需求增加。

根据（4-4-1）式，在假定剩余价值率不变的条件下，有：

$$\frac{\partial D_\pi}{\partial f}\bigg|_{m'=常数} = (c_\pi + \varepsilon_\pi i_\pi) \frac{-m'K}{(1+\eta)^2} \frac{\partial \eta}{\partial f} \qquad (4-4-3)$$

由（4-4-3）式可见，在假定剩余价值率不变的条件下，利润引致需求随着劳动生产率引起的资本有机构成提高而减少。这是因为，在剩余价值率和资本量不变的条件下，资本有机构成的提高会减少资本所推动的活劳动量，从而减少剩余价值量和利润量，致使投资需求源泉减少，进而导致利润引致需求减少。

劳动生产率变化引起的利润引致需求的变化，取决于劳动生产率变化引起的剩余价值率变化和资本有机构成变化两个方面的综合效应，即：

$$\frac{dD_\pi}{df} = \frac{\partial D_\pi}{\partial f}\bigg|_{\eta=常数} + \frac{\partial D_\pi}{\partial f}\bigg|_{m'=常数} \qquad (4-4-4)$$

（4-4-2）式和（4-4-3）式代入（4-4-4）式，得：

$$\frac{dD_\pi}{df} = (c_\pi + \varepsilon_\pi i_\pi) \frac{K}{1+\eta} \frac{\partial m'}{\partial f} + (c_\pi + \varepsilon_\pi i_\pi) \frac{-m'K}{(1+\eta)^2} \frac{\partial \eta}{\partial f}$$

由此得：

$$\frac{dD_\pi}{df} = (c_\pi + \varepsilon_\pi i_\pi)\frac{m'K}{1+\eta}\left(\frac{\frac{\partial m'}{\partial f}}{m'} - \frac{\frac{\partial \eta}{\partial f}}{1+\eta}\right)$$

将（4-4-1）式代入上式，得：

$$\frac{dD_\pi}{df} = D_\pi\left(\frac{\frac{\partial m'}{\partial f}}{m'} - \frac{\frac{\partial \eta}{\partial f}}{1+\eta}\right)$$

由此得：

$$\frac{\frac{dD_\pi}{df}}{D_\pi} = \frac{\frac{\partial m'}{\partial f}}{m'} - \frac{\frac{\partial \eta}{\partial f}}{1+\eta} \qquad\qquad (4-4-5)$$

根据（4-4-5）式可见，随着劳动生产率提高，如果剩余价值率的增长率高于资本有机构成的增长率时，利润引致需求会增加；反之，如果资本有机构成的增长率高于剩余价值的增长率时，利润引致需求则会减少。这是因为，在前一种情况中，剩余价值率提高导致的剩余价值增加，多于资本有机构成提高所导致的剩余价值减少，因此，在总体上剩余价值是增加的，利润是增加的，从而导致投资需求源泉增加，进而致使利润引致需求增加。在后一种情况中，剩余价值率提高导致的剩余价值增加，少于资本有机构成提高所导致的剩余价值减少，因此，在总体上剩余价值是减少的，利润是减少的，从而导致投资需求源泉减少，进而致使利润引致需求减少。

（二）利润引致需求与劳动者人数（就业人数）之间的函数关系

社会生产规模可以从劳动者人数（就业人数）和资本量两个方面考察。所以，利润引致需求与社会生产规模之间的函数关系，也需要从劳动者人数（就业人数）和资本量两个方面考察。这里，首先以劳动者人数（就业人数）衡量社会生产规模来考察。

将（4-2-10）式、（4-3-7）式和（4-3-12）式代入（4-2-1）式，可得：

$$D_\pi = c_\pi m'wL + \varepsilon_\pi i_\pi m'wL$$

由此得：

$$D_\pi = (c_\pi + \varepsilon_\pi i_\pi) m'wL \qquad (4-4-6)$$

（4-4-6）式是利润引致需求与以劳动者人数（就业人数）计量社会生产规模之间的函数关系。

根据（4-4-6）式，有：

$$\frac{\partial D_\pi}{\partial L} = (c_\pi + \varepsilon_\pi i_\pi) m'w$$

因为上式等号右边各参数都大于零，所以，有：

$$\frac{\partial D_\pi}{\partial L} = (c_\pi + \varepsilon_\pi i_\pi) m'w > 0 \qquad (4-4-7)$$

即，利润引致需求随着劳动者人数（就业人数）增加而增加。这是因为，劳动者人数（就业人数）增加会增加所生产的剩余价值，从而导致投资需求源泉增加，进而致使利润引致需求增加。

（三）利润引致需求与资本量之间的函数关系

将（4-2-12）式、（4-3-9）式和（4-3-12）式代入（4-2-1）式，得：

$$D_\pi = c_\pi \frac{m'}{1+\eta} K + \varepsilon_\pi i_\pi \frac{m'}{1+\eta} K$$

由此得：

$$D_\pi = (c_\pi + \varepsilon_\pi i_\pi) \frac{m'}{1+\eta} K \qquad (4-4-8)$$

（4-4-8）式是利润引致需求与以资本量计量社会生产规模之间的函

数关系。

根据（4-2-1）式，有：

$$dD_\pi = dD_{\pi c} + dD_{\pi l}$$

将（4-2-14）式、（4-3-10）式和（4-3-12）式代入上式，得：

$$dD_\pi = c_\pi \frac{m'K}{(1+\eta)}\left[\frac{dK}{K} - \frac{d\eta}{(1+\eta)}\right] + \varepsilon_\pi i_\pi \frac{m'K}{(1+\eta)}\left[\frac{dK}{K} - \frac{d\eta}{(1+\eta)}\right]$$

由此得：

$$dD_\pi = (c_\pi + \varepsilon_\pi i_\pi)\frac{m'K}{(1+\eta)}\left[\frac{dK}{K} - \frac{d\eta}{(1+\eta)}\right]$$

将（4-4-8）式代入上式，可得：

$$dD_\pi = D_\pi\left[\frac{dK}{K} - \frac{d\eta}{(1+\eta)}\right]$$

由此得：

$$\frac{dD_\pi}{D_\pi} = \frac{dK}{K} - \frac{d\eta}{(1+\eta)} \tag{4-4-9}$$

由（4-4-9）式可见，资本量增加引起的利润引致需求的变化，取决于资本量变化率与资本有机构成变化率的组合效应：如果社会资本量增长的速度高于资本有机构成提高的速度，利润引致需求会增加；如果社会资本量增加的速度低于资本有机构成提高的速度，利润引致需求会减少。这是因为，在前一种情况中，资本量增长导致的剩余价值增加，多于资本有机构成提高所导致的剩余价值减少，因此，在总体上，剩余价值是增加的，利润是增加的，从而引致投资需求源泉增加，进而致使利润引致需求增加。在后一种情况中，资本量增长引致的剩余价值增加，少于资本有机构成提高所引致的剩余价值减少，因此，在总体上，剩余价值是减少的，利润是减少的，从而导致投资需求源泉减少，进而致使利润引致需求减少。

五、利润引致需求分析的重要结论

利润引致需求，是社会总需求的一个重要组成部分，对于经济增长、稳定和周期波动都具有重要的作用。根据前面的讨论，可以得出如下结论。

第一，关于利润引致需求的变化。首先，劳动生产率变化引起的利润引致需求变化，取决于劳动生产率变化引起的剩余价值率变化和资本有机构成变化两个方面的综合效应，如果剩余价值率的增长率高于资本有机构成的增长率时，利润引致需求会增加；反之，如果剩余价值的增长率低于资本有机构成的增长率时，利润引致需求则会减少。其次，利润引致需求随着劳动者人数（就业人数）增加而增加。最后，资本量增加引起的利润引致需求的变化，取决于资本量变化率与资本有机构成变化率的组合效应：如果社会资本量增长的速度高于资本有机构成提高的速度，利润引致需求会增加；如果社会资本量增加的速度低于资本有机构成提高的速度，利润引致需求会减少。在本质上，这些变化的根源都在于剩余价值量的变化。

第二，关于宏观经济不稳定性。投资需求是利润引致需求中的重要组成部分。然而，投资需求是最不稳定的经济因素。首先，投资在形成市场供给和需求上的时间差，会引起经济的周期性波动。其次，决定投资需求的利润率是市场投资主体的预期利润率（π_e^t），因此，会产生投资需求缺口，同时，预期会受到各种经济与非经济因素的作用，是非常不稳定的，这就导致了投资的不稳定性，从而导致了宏观经济的不稳定性。预期的不稳定性、投资需求缺口（投资需求源泉与投资需求的数量差）和投资在形成市场供给和需求上的时间差，相互影响，共同作用，导致宏观经济的不稳定性、周期性波动和迟滞的可能性。

第三，相关宏观经济政策的关注点。首先，当社会生产发展时，当劳动生产率提高和资本数量扩张时，利润引致需求和总需求不一定增长，如果资本有机构成的增长率高于劳动生产率和资本数量的增长率时，利润引致需求从而总需求会下降。这就是经济增长中的总需求下降或总需求不足加剧现象。这种经济现象会延缓经济增长并导致经济下滑。其次，投资在形成市场供给和需求上的时间差和预期的不稳定性会导致利润引致需求具有内在的不稳定性，从而导致宏观经济内在的不稳定性和周期性波动。如果没有有效的针对性的政策对策，经济系统就会出现紊乱，并导致经济周期性衰退。因此，在宏观经济政策制定中，特别关注以上两点，具有至关重要的意义。

第 五 章

总需求函数及其分析：劳动生产率与社会生产规模对总需求及其不足的作用

本章在马克思经济理论基础上构建社会总需求（简称总需求）函数关系①，分析劳动生产率和社会生产规模对总需求及其变化的作用、数量关系及其本质所在。社会生产规模分别以劳动者人数和资本数量两个方面来衡量。在假定仅考虑国内经济和没有政府作用（即完全市场的封闭经济）的条件下，社会总需求来自工资和利润，所以，首先，将前面章节中所建立的工资消费需求和利润引致需求与劳动生产率和社会生产规模之间的函数关系进行综合，构建社会总需求与劳动生产率和社会生产规模两者之间的函数关系并给予分析；其次，明晰总需求不足概念，构建总需求不足分析的 AD 模型，建立总需求不足与劳动生产率和社会生产规模两者之间的函数关系，并从总需求方面对总需求不足进行深入的数量分析与制度分析；最后，指出大力发展社会主义公有制经济，坚持和发展社会主义基本经济制度，是解决总需求不足的根本制度途径。

---

① 一个函数的特定形式，取决于研究工作相应的特定内容。不同研究工作的特定内容，会对应于不同的函数形式。因此，对于不同的研究内容，总需求函数会有不同的形式。

一、总需求及其变化的函数关系

在假定仅考虑国内经济和没有政府作用（即完全市场的封闭经济）的条件下，社会总需求（D）来自工资（K_v）和利润（π），因此，总需求可以写为：

$$D = D(K_v, \ \pi)$$

而工资和利润又分别都是劳动生产率和社会生产规模的函数，因而，总需求是劳动生产率和社会生产规模的复合函数。

在假定工资消费需求和利润引致需求两部分相互之间没有交叉效应的条件下，总需求 D 等于工资消费需求 D_v 与利润引致需求 D_π 之和，即：

$$D = D_v + D_\pi \tag{5-1-1}$$

（一）总需求与劳动生产率及其变化的函数关系

1. 总需求与劳动生产率之间的函数关系

将工资消费需求与劳动生产率之间的函数关系：

$$D_v = c_v \alpha_l A [\, w(f) \,] \tag{3-3-8}$$

和利润引致需求与劳动生产率之间的函数关系：

$$D_\pi = (c_\pi + \varepsilon_\pi i_\pi) K \frac{m'(f)}{1 + \eta(f)} \tag{4-4-1}$$

代入（5-1-1）式，得：

$$D = c_v \alpha_l A [\, w(f) \,] + (c_\pi + \varepsilon_\pi i_\pi) K \frac{m'(f)}{1 + \eta(f)} \tag{5-1-2}$$

（5-1-2）式是总需求与劳动生产率之间的函数关系。其中，c_v 是工资消费强度系数，α_l 是社会生产规模的劳动者系数，A 是社会生产规模，w 是工资率，f 是劳动生产率，η 是资本有机构成，m' 是剩余价值率，K 是资本总量，c_π 是利润的消费强度，i_π 是利润的投资强度，ε_π 是预期利润率效应系数。

2. 总需求与劳动生产率变化之间的函数关系

根据（5-1-1）式，可得：

$$\frac{\partial D}{\partial f} = \frac{\partial D_v}{\partial f} + \frac{\partial D_\pi}{\partial f} \qquad (5-1-3)$$

（5-1-3）式表示，总需求相对劳动生产率的变化，取决于工资消费需求相对劳动生产率的变化与利润引致需求相对劳动生产率的变化两个方面的综合效应。为了讨论和阅读的方便，首先分别讨论工资消费需求相对劳动生产率的变化和利润引致需求相对劳动生产率的变化，其次讨论其综合效应。

（1）工资消费需求相对劳动生产率的变化。

根据（3-3-8）式，可得工资消费需求相对劳动生产率的变化率为：

$$\frac{\partial D_v}{\partial f} = c_v \alpha_l A \frac{\partial w(f)}{\partial f} \qquad (5-1-4)$$

工资率与劳动生产率的函数关系，是由产权制度决定的，在不同的产权制度下，工资率与劳动生产率的函数关系是不同的。[①]

在资本—雇佣劳动制度中，在古典产权制度下，在工资的劳动力价值决定体制中，在价值度量的层面上，有：

$$\frac{\partial D_v}{\partial f} = c_v \alpha_l A \frac{\partial w}{\partial f} < 0 \qquad (3-3-11)$$

---

① 见（3-3-11）式至（3-3-26）式。

在固定价格的条件下的货币层面上，有：

$$\frac{\partial D_{vg}}{\partial f} = c_v \alpha_l A \frac{\partial w_g}{\partial f} = 0 \qquad (3-3-17)$$

在公有制经济中，在现代产权制度下，在工资的"按劳分配"体制中，在价值层面上，有：

$$\frac{\partial D_v}{\partial f} = c_v \alpha_l A \frac{\partial w}{\partial f} = 0 \qquad (3-3-22)$$

在固定价格的条件下的货币层面上，有：

$$\frac{\partial D_{vg}}{\partial f} = c_v \alpha_l A \frac{\partial w_g}{\partial f} > 0 \qquad (3-3-26)$$

在价值度量的层面上，从（3-3-11）式可以清晰地看到，在资本—雇佣劳动制度中，在古典产权制度下，在工资的劳动力价值决定体制中，工资消费需求（D_v）随着劳动生产率的提高而减少。

在固定价格的条件下的货币层面上，从（3-3-26）式可以清晰地看到，在公有制经济中，在现代产权制度下，在工资的按劳分配体制中，工资消费需求（D_v）随着劳动生产率的提高而增加。

（2）利润引致需求相对劳动生产率的变化。

根据（4-4-1）式，在假定资本有机构成不变的条件下，有：

$$\frac{\partial D_\pi}{\partial f}\bigg|_{\eta=常数} = (c_\pi + \varepsilon_\pi i_\pi)\frac{K}{1+\eta}\frac{\partial m'}{\partial f} \qquad (5-1-5)$$

由（5-1-5）式可知，在假定资本有机构成不变的条件下，利润引致需求与劳动生产率正向相关，利润引致需求随着劳动生产率引起的剩余价值率提高而增加。

根据（4-4-1）式，在假定剩余价值率不变的条件下，有：

$$\frac{\partial D_\pi}{\partial f}\bigg|_{m'=常数} = (c_\pi + \varepsilon_\pi i_\pi)\frac{-m'K}{(1+\eta)^2}\frac{\partial \eta}{\partial f} \qquad (5-1-6)$$

由（5-1-6）式可知，在假定剩余价值率不变的条件下，利润引致需求与劳动生产率反向相关，利润引致需求随着劳动生产率引起的资本有机构成提高而减少。

劳动生产率变化引起的利润引致需求的变化，取决劳动生产率变化引起的剩余价值率变化和资本有机构成变化两个方面的综合效应，即：

$$\frac{dD_{\pi}}{df} = \frac{\partial D_{\pi}}{\partial f}\bigg|_{\eta=\text{常数}} + \frac{\partial D_{\pi}}{\partial f}\bigg|_{m'=\text{常数}} \quad (5-1-7)$$

将（5-1-5）式和（5-1-6）式代入（5-1-7）式，得：

$$\frac{dD_{\pi}}{df} = (c_{\pi} + \varepsilon_{\pi}i_{\pi})\frac{K}{1+\eta}\frac{\partial m'}{\partial f} + (c_{\pi} + \varepsilon_{\pi}i_{\pi})\frac{-m'K}{(1+\eta)^2}\frac{\partial \eta}{\partial f}$$

由此得：

$$\frac{dD_{\pi}}{df} = (c_{\pi} + \varepsilon_{\pi}i_{\pi})\frac{m'K}{1+\eta}\left(\frac{\frac{\partial m'}{\partial f}}{m'} - \frac{\frac{\partial \eta}{\partial f}}{1+\eta}\right) \quad (5-1-8)$$

将（4-4-1）式代入（5-1-8）式，得：

$$\frac{dD_{\pi}}{df} = D_{\pi}\left(\frac{\frac{\partial m'}{\partial f}}{m'} - \frac{\frac{\partial \eta}{\partial f}}{1+\eta}\right) \quad (5-1-9)$$

由此得：

$$\frac{\frac{dD_{\pi}}{df}}{D_{\pi}} = \frac{\frac{\partial m'}{\partial f}}{m'} - \frac{\frac{\partial \eta}{\partial f}}{1+\eta} \quad (5-1-10)$$

根据（5-1-10）式可知，随着劳动生产率的提高，如果剩余价值率的增长率高于资本有机构成的增长率时，利润引致需求会增加；反之，如果剩余价值率的增长率低于资本有机构成的增长率时，利润引致需求则会减少。这是因为，在前一种情况中，剩余价值率提高导致的剩余价值增加，多于资本有机构成提高所导致的剩余价值减少，因此，在总体上剩余价值是增加的，利润是增加的，从而导致投资需求源泉增加，进而致使利润引致需求增加。在后一种情况中，剩余价值率提高导致的剩余价值增加，少于资本有机构成提高所导致的剩余价值减少，因此，在总体上剩余价值是减少的，利润是减少的，从而导致投资需求源泉减少，进而致使利润引致需求减少。

（3）总需求相对劳动生产率的变化：综合效应。

将（5 - 1 - 4）式和（5 - 1 - 8）式代入（5 - 1 - 3）式得：

$$\frac{\partial D}{\partial f} = c_v \alpha_l A \frac{\partial w(f)}{\partial f} + (c_\pi + \varepsilon_\pi i_\pi) \frac{m'K}{1+\eta} \left(\frac{\frac{\partial m'}{\partial f}}{m'} - \frac{\frac{\partial \eta}{\partial f}}{1+\eta} \right)$$

$$(5 - 1 - 11)$$

根据（4 - 1 - 1）式，亦即：

$$\frac{\partial D}{\partial f} = c_v \alpha_l A \frac{\partial w(f)}{\partial f} + D_\pi \left(\frac{\frac{\partial m'}{\partial f}}{m'} - \frac{\frac{\partial \eta}{\partial f}}{1+\eta} \right) \qquad (5 - 1 - 12)$$

（5 - 1 - 11）式和（5 - 1 - 12）式是总需求相对劳动生产率的变化的函数关系。由此可见，总需求相对于劳动生产率的变化率，取决于工资率相对劳动生产率的变化率、剩余价值率相对劳动生产率的变化率和有机构成相对劳动生产率的变化率三者的综合效应。工资率相对劳动生产率的变化率，在不同的产权制度下有不同的变化趋势。[①] 在价值度量的层面上可以清晰地看到：在资本—雇佣劳动制度中，在古典产权制度下，工资消费需求（D_v）随着劳动生产率的提高而减少。在固定价格的条件下的货币层面上则可以清晰地看到，在公有制经济中，在现代产权制度下，工资消费需求（D_v）随着劳动生产率的提高而增加。

（二）总需求与以劳动者数量（就业人数）度量社会生产规模及其变化的函数关系

将工资消费需求与劳动者数量（就业人数）L 度量社会生产规模之间的函数关系：

---

① 见（3 - 3 - 11）式至（3 - 3 - 26）式。

$$D_v = c_v \alpha_l (wA) = c_v (wL) \qquad (3-2-1)$$

和利润引致需求与劳动者数量（就业人数）度量社会生产规模之间的函数关系：

$$D_\pi = (c_\pi + \varepsilon_\pi i_\pi) m' wL \qquad (4-4-6)$$

代入（5-1-1）式，得：

$$D = c_v (wL) + (c_\pi + \varepsilon_\pi i_\pi) m' wL$$

由此得：

$$D = [c_v + (c_\pi + \varepsilon_\pi i_\pi) m'] wL \qquad (5-1-13)$$

（5-1-13）式是总需求与以劳动者数量（就业人数）度量社会生产规模之间的函数关系，也就是总需求与以劳动者数量（就业人数）之间的函数关系。

根据（5-1-13）式，假定其他条件不变，有：

$$\frac{\partial D}{\partial L} = [c_v + (c_\pi + \varepsilon_\pi i_\pi) m'] w > 0 \qquad (5-1-14)$$

即，总需求随着劳动者数量（就业人数）的增加而增加。

（三）总需求与以资本量计量的社会生产规模及其变化的函数关系

将工资消费需求与资本量计量的社会生产规模之间的函数关系：

$$D_v = c_v \frac{K}{1+\eta} \qquad (3-2-4)$$

和利润引致需求与以资本量计量的社会生产规模之间的函数关系：

$$D_\pi = (c_\pi + \varepsilon_\pi i_\pi) \frac{m'}{1+\eta} K \qquad (4-4-8)$$

代入（5-1-1）式，得：

$$D = c_v \frac{K}{1+\eta} + (c_\pi + \varepsilon_\pi i_\pi) \frac{m'}{1+\eta} K$$

由此得：

$$D = \left[c_v + (c_\pi + \varepsilon_\pi i_\pi) m' \right] \frac{K}{1 + \eta} \qquad (5-1-15)$$

（5-1-15）式是总需求与以资本量计量的社会生产规模之间的函数关系，也就是总需求与资本量之间的函数关系。

根据（3-2-4）式和（4-4-8）式，可得：

$$dD_v = \frac{c_v}{1+\eta} \left[dK - K \frac{1}{(1+\eta)} d\eta \right] \qquad (5-1-16)$$

$$dD_\pi = (c_\pi + \varepsilon_\pi i_\pi) \frac{m'K}{(1+\eta)} \left[\frac{dK}{K} - \frac{d\eta}{(1+\eta)} \right] \qquad (5-1-17)$$

根据（5-1-1）式，可得：

$$dD = dD_v + dD_\pi \qquad (5-1-18)$$

将（5-1-16）式和（5-1-17）式代入（5-1-18）式，得：

$$dD = \frac{\left[c_v + (c_\pi + \varepsilon_\pi i_\pi) m' \right] K}{(1+\eta)} \left[\frac{dK}{K} - \frac{d\eta}{(1+\eta)} \right] \qquad (5-1-19)$$

根据（5-1-15）式，有：

$$\frac{dD}{D} = \frac{dK}{K} - \frac{d\eta}{(1+\eta)} \qquad (5-1-20)$$

由（5-1-20）式可知，从资本量角度考察，社会总需求的相对变化率，取决于资本量变化率与资本有机构成变化率的组合效应：如果社会资本规模增长的速度高于资本有机构成提高的速度，那么，随着社会资本规模的扩大，社会总需求会增加；如果社会资本规模扩大的速度低于资本有机构成提高的速度，那么，随着社会资本规模的扩大，社会总需求会减少。

以上建立的总需求函数关系，对于宏观经济运行和发展的实际工作，具有重要的现实作用。总需求函数关系提供了一个平台，在这个平台上，还可以进一步讨论决定宏观经济发展和稳定的各个因素及其数量关系，为宏观经济发展和稳定政策提供科学依据和重要参考。

二、总需求不足（总需求缺口）分析：
总需求缺口分析的 AD 模型

下面，从总需求方面，在总需求函数基础上，讨论总需求不足及其消除的原理。这就是总需求不足分析的 AD 模型。总需求缺口是衡量总需求不足的技术指标，表明现实总需求不足的状况，等于总供给与总需求之差，即：

$$E_d = S - D \qquad (5-2-1)$$

其中，E_d 表示总需求缺口，S 表示总供给。E_d 值越大，表示总需求不足越严重。

（一）简单总供给函数

总供给函数是一个较为复杂的函数。第四篇将在总需求函数与总供给函数的基础上，对总需求不足（总需求缺口）给予深入研究。这里仅确定一个简单总供给函数，以便重点从总需求方面用来说明总需求不足，并得出一些有意义的结论。

用 S 表示社会总产出量，也就是社会总供给量，用 f 表示社会劳动生产率，即单位劳动者生产的产出量：

$$f = \frac{S}{L} \qquad (5-2-2)$$

由此可以写出用劳动者数量（就业数量）计量社会生产规模的简单供给函数：

$$S = fL \qquad (5-2-3)$$

定义：

$$f_K = \frac{S}{K} \qquad\qquad (5-2-4)$$

为资本产出率，则有用资本计量社会生产规模的简单供给函数：

$$S = f_k K \qquad\qquad (5-2-5)$$

资本产出率 f_K 是劳动生产率 f 的函数，在假定劳动生产率以外的其他因素不变的条件下，有：

$$f_K = \alpha_f f \qquad\qquad (5-2-6)$$

其中：

$$\alpha_f = \frac{f_K}{f} \qquad\qquad (5-2-7)$$

是资本产出率与劳动生产率的比例①，假定其为常系数。将（5-2-6）式代入（5-2-5）式，有：

$$S = \alpha_f f K \qquad\qquad (5-2-8)$$

（5-2-5）式和（5-2-8）式都是用资本计量社会生产规模的简单供给函数。

（二）劳动生产率提高对总需求不足（总需求缺口）的作用

使用简单供给函数，可以简要地讨论劳动生产率、劳动者人数和资本数量变化对总需求缺口变化的作用。当然，由于使用的是简单供给函数，所以，实际上，讨论的重点在于从需求方面显示以上三因素对总需求缺口的作用。

---

① α_f 也等于资本劳动系数：将（5-2-2）式和（5-2-4）式代入（5-2-7）式，得：

$$\alpha_f = \frac{\dfrac{S}{K}}{\dfrac{S}{L}} = \frac{L}{K} \qquad\qquad (2-3-11)$$

1. 总需求缺口与劳动生产率之间的函数关系

将（5－2－3）式和（5－1－13）式代入（5－2－1）式，得：

$$E_d = fL - [c_v + (c_\pi + \varepsilon_\pi i_\pi)m']wL$$

由于工资率是劳动生产率的函数，即：

$$w = w(f) \qquad\qquad (3-3-7)$$

为了简单，这里先假定剩余价值率 m' 为常数，在第四篇，再进一步考虑 m' 也是劳动生产率函数的情况。所以，上式可写为：

$$E_d = fL - [c_v + (c_\pi + \varepsilon_\pi i_\pi)m']w(f)L \qquad (5-2-9)$$

（5－2－9）式可以表示总需求缺口与劳动生产率之间的函数关系。

根据（5－2－9）式，有：

$$\frac{\partial E_d}{\partial f} = L - L[c_v + (c_\pi + \varepsilon_\pi i_\pi)m']\frac{\partial w}{\partial f} \qquad (5-2-10)$$

其中，因为 c_v，c_π，ε_π，i_π，$m' > 0$，所以：

$$[c_v + (c_\pi + \varepsilon_\pi i_\pi)m'] > 0 \qquad\qquad (5-2-11)$$

工资率与劳动生产率的函数关系 $w = w(f)$ 由产权制度决定。在不同的产权制度下，工资率与劳动生产率的函数关系是不同的，$\frac{dw}{df}$ 也不同①。所以，下面分别讨论在古典产权制度下和在现代产权制度下总需求缺口与劳动生产率之间的变化关系。

2. 在古典产权制度下，总需求缺口与劳动生产率之间的变化关系

从价值层面的考察，在资本—雇佣劳动制度中，在古典产权制度下，在工资的劳动力价值决定体制中，有：

———————————

① 见（3－3－11）式～（3－3－26）式。

$$\frac{\partial w}{\partial f} < 0 \qquad (3-3-10)$$

将（3-3-10）式代入（5-2-10）式，根据（5-2-11）式，可见（5-2-10）式第二项为：

$$\left\{ -L\left[c_v + (c_\pi + \varepsilon_\pi i_\pi)m' \right]\frac{\partial w}{\partial f} \right\} > 0 \qquad (5-2-12)$$

根据（5-2-12）式和（5-2-10）式可见，在资本—雇佣劳动制度中，在古典产权制度下，在工资的劳动力价值决定体制中，有：

$$\left(\frac{\partial E_d}{\partial f}\right)_C > L > 0 \qquad (5-2-13)$$

即，总需求缺口会随着劳动生产率的提高而扩大。也就是，随着劳动生产率的提高，总需求不足会越来越严重。

3. 在现代产权制度下，总需求缺口与劳动生产率之间的变化关系

在公有制经济中，在现代产权制度下，在工资的"按劳分配"体制中，从固定价格的货币层面看，有：

$$\frac{\partial w_g}{\partial f} > 0 \qquad (3-3-23)$$

其中，w_g 是货币工资率。用 g_v 表示单位价值对应的货币量，则有：

$$w_g = g_v w \qquad (5-2-14)$$

即：

$$w = \frac{w_g}{g_v} \qquad (5-2-15)$$

根据（5-2-15）式，有：

$$\frac{dw}{df} = \frac{1}{g_v}\frac{dw_g}{df} \qquad (5-2-16)$$

将（5-2-16）式代入（5-2-10）式，（5-2-10）式第二项可写为：

$$\left\{ -L \left[c_v + (c_\pi + \varepsilon_\pi i_\pi) m' \right] \frac{1}{g_v} \frac{\partial w_g}{\partial f} \right\} \qquad (5-2-17)$$

根据（5-2-11）和（3-3-23）式可见，（5-2-10）式第二项可写为：

$$\left\{ -L \left[c_v + (c_\pi + \varepsilon_\pi i_\pi) m' \right] \frac{1}{g_v} \frac{\partial w_g}{\partial f} \right\} < 0 \qquad (5-2-18)$$

根据（5-2-18）式和（5-2-10）式可见，在公有制经济中，在现代产权制度下，在工资的"按劳分配"体制中，有：

$$\left(\frac{\partial E_d}{\partial f} \right)_S < L \qquad (5-2-19)$$

比较（5-2-13）式和（5-2-19）式，可见：

$$\left(\frac{\partial E_d}{\partial f} \right)_S < \left(\frac{\partial E_d}{\partial f} \right)_C \qquad (5-2-20)$$

即，随着劳动生产率的提高总需求缺口扩大的程度，"在公有制经济中，在现代产权制度下，在工资的按劳分配体制中"，要比"在资本—雇佣劳动制度中，在古典产权制度下，在工资的劳动力价值体制中"小。

4. 总需求缺口不变的条件

根据（5-2-10）式可以看出，当劳动生产率提高时，总需求缺口不变的条件是：

$$\frac{\partial E_d}{\partial f} = L - L \left[c_v + (c_\pi + \varepsilon_\pi i_\pi) m' \right] \frac{\partial w}{\partial f} = 0$$

由此得：

$$1 - \left[c_v + (c_\pi + \varepsilon_\pi i_\pi) m' \right] \frac{\partial w}{\partial f} = 0$$

得：

$$\left[c_v + (c_\pi + \varepsilon_\pi i_\pi) m' \right] \frac{\partial w}{\partial f} = 1$$

得：

$$\frac{\partial w}{\partial f} = \frac{1}{[c_v + (c_\pi + \varepsilon_\pi i_\pi)m']} \qquad (5-2-21)$$

（5-2-21）式是总需求缺口不变的条件。

当：

$$\frac{\partial w}{\partial f} < \frac{1}{[c_v + (c_\pi + \varepsilon_\pi i_\pi)m']} \qquad (5-2-22)$$

时，劳动生产率提高，总需求缺口会扩大，总需求不足会加重。

当：

$$\frac{\partial w}{\partial f} > \frac{1}{[c_v + (c_\pi + \varepsilon_\pi i_\pi)m']} \qquad (5-2-23)$$

时，劳动生产率提高，总需求缺口会缩小，总需求不足会减轻。

因为：

$$\frac{1}{[c_v + (c_\pi + \varepsilon_\pi i_\pi)m']} > 0$$

并且前面已经说明，在资本—雇佣劳动制度中，在古典产权制度下，在工资的劳动力价值决定体制中，有：

$$\frac{\partial w}{\partial f} < 0 \qquad (3-3-10)$$

在公有制经济中，在现代产权制度下，在工资的按劳分配体制中，有：

$$\frac{\partial w}{\partial f} = 0 \qquad (3-3-21)$$

因此，在一般条件下，只有（5-2-22）式被满足，即：当劳动生产率提高时总需求缺口会扩大，总需求不足会加重。这与前面的结论是一致的，只是随着劳动生产率的提高总需求缺口扩大的程度，"在公有制经济中，在现代产权制度下，在工资的按劳分配体制中"，要比"在资本—雇佣劳动制度中，在古典产权制度下，在工资的劳动力价值体制中"小。

（三）劳动者数量（就业量）增加对总需求不足（总需求缺口）的作用

1. 总需求缺口变化与劳动者人数（就业人数）变化之间的基本关系

根据（5-2-9）式，有：

$$\frac{\partial E_d}{\partial L} = f - w\left[c_v + (c_\pi + \varepsilon_\pi i_\pi)m'\right] \qquad (5-2-24)$$

为了比较简明地看到事物的本质，假定，工资全部用于消费，利润全部用于投资源泉，即：

$$c_v = 1, \ c_\pi = 0, \ i_\pi = 1$$

则有：

$$\frac{\partial E_d}{\partial L} = f - w[1 + \varepsilon_\pi m'] \qquad (5-2-25)$$

根据：

$$K_v = wL \qquad (3-1-4)$$

有：

$$w = \frac{K_v}{L} \qquad (5-2-26)$$

所以，将（5-2-2）式和（5-2-26）式代入（5-2-25）式，可得：

$$\frac{\partial E_d}{\partial L} = \frac{S}{L} - \left(\frac{K_v}{L} + \varepsilon_\pi \frac{K_v}{L}m'\right) \qquad (5-2-27)$$

因为：

$$m' = \frac{m}{K_v} \qquad (5-2-28)$$

（其中，m 是剩余价值，K_v 是可变资本）所以，（5 - 2 - 27）式可写为：

$$\frac{\partial E_d}{\partial L} = \frac{S}{L} - \left(\frac{K_v}{L} + \varepsilon_\pi \frac{K_v}{L} \frac{m}{K_v} \right)$$

由此可得：

$$\frac{\partial E_d}{\partial L} = \frac{1}{L} \left[S - (K_v + \varepsilon_\pi m) \right] \qquad (5 - 2 - 29)$$

（5 - 2 - 24）式和（5 - 2 - 29）式表示了总需求缺口变化与劳动者人数（就业人数）变化之间的关系。

在不考虑不变资本的假定条件下，有：

$$(K_v + m) = S \qquad (5 - 2 - 30)$$

所以，当：

$$\varepsilon_\pi = 1$$

即，用于投资的剩余价值或利润（投资源泉）全部转化为投资时，有：

$$\frac{\partial E_d}{\partial L} = 0$$

即，总需求缺口不随着劳动者数量（就业数量）增加而增加。

当：

$$\varepsilon_\pi < 1$$

即，用于投资的剩余价值或利润（投资源泉）未全部转化为投资时，有：

$$\frac{\partial E_d}{\partial L} > 0$$

即，总需求缺口随着劳动者数量（就业数量）增加而增加。ε_π 越小，也就是用于投资的剩余价值或利润（投资源泉）转化为投资的比例越低，总需求缺口的增加率就越高。反之则相反。

在不同的产权制度下，$(K_v + \varepsilon_\pi m)$ 中的各要素是不同的，因此，由（5 - 2 - 29）式可知，总需求缺口与劳动者数量之间的变化关系是不同的。下面分别讨论在古典产权制度下和在现代产权制度下总需求缺口与劳动者数量（就业人数）之间的变化关系。

2. 在古典产权制度下，总需求缺口与劳动者数量（就业人数）之间的变化关系

从（5－2－29）式可以看出，在不考虑不变资本的假定条件下，$(K_v + \varepsilon_\pi m)$ 是总产出转化为总需求的部分，因此，要保持总需求缺口不变，如果可变资本（K_v）越少，那么，就需要更多的剩余价值（m）通过 ε_π 转化为投资需求，否则，总需求缺口随着劳动人数增加而增加的速度就会提高。

在资本—雇佣劳动制度中，在古典产权制度下，在工资的劳动力价值决定体制中，工资与可变资本（K_v）是由劳动力价值决定的，处于一个低位，因而，剩余价值（m）处于一个高位；因此，要维持总需求缺口增加速度不变，剩余价值（m）通过 ε_π 转化为投资需求的压力就较高。而在资本—雇佣劳动的古典产权制度下，剩余价值转化为投资的行为与比例（ε_π）是由资本家的预期与主观行为所实现的。马克思指出，由于经济周期的波动和利润率的下行，资本家的投资行为常常遇到限制，不能有效地完成剩余价值向投资需求的转化，会出现所谓"资本过剩"现象。[①] 这也就是，ε_π 值较小：

$$(K_v + \varepsilon_\pi m) < S$$

因此，有：

$$\frac{\partial E_d}{\partial L} = \frac{1}{L}\big[S - (K_v + \varepsilon_\pi m)\big] > 0$$

且数值较大，即，总需求缺口会随着劳动者数量的增加而扩大，而且扩大速度比较高。

---

① 马克思恩格斯全集：第 25 卷［M］. 北京：人民出版社，1975：269－296.

3. 在现代产权制度下，总需求缺口与劳动者数量（就业人数）之间的变化关系

一方面，在公有制经济中，在现代产权制度下，在工资的"按劳分配"体制中，工资与可变资本（K_v）是由"按劳分配"决定的，相对于"在资本—雇佣劳动制度中，在古典产权制度下，在工资的劳动力价值决定体制中"，有一个较高的值。

另一方面，剩余价值转化为投资的行为与比例（ε_π）不再通过资本家的预期与主观行为来实现，而是由社会的可控行为所实现，通过宏观调控可以实现或接近于实现 $\varepsilon_\pi = 1$，可以实现或接近于实现：

$$\frac{\partial E_d}{\partial L} = \frac{1}{L}\big[S - (K_v + \varepsilon_\pi m)\big] = 0$$

即，总需求缺口不会随着劳动者人数的增加而扩大，或者，有一个较低的扩大速度。

（四）资本数量增加对总需求不足（总需求缺口）的作用

将（5 – 2 – 3）式和（5 – 1 – 15）式代入（5 – 2 – 1）式，得：

$$E_d = fL - \big[c_v + (c_\pi + \varepsilon_\pi i_\pi)m'\big]\frac{K}{1+\eta} \qquad (5-2-31)$$

根据马克思资本有机构成理论[①]，用 K_c 表示不变资本，有：

$$K = K_c + K_v \qquad (5-2-32)$$

用：

$$\eta = \frac{K_c}{K_v} \qquad (5-2-33)$$

表示资本有机构成，则有：

---

① 马克思恩格斯全集：第 23 卷［M］. 北京：人民出版社，1972：672.

$$\frac{K}{K_v} = \frac{K_c}{K_v} + 1 = 1 + \eta \qquad (5-2-34)$$

由此可得：

$$K_v = \frac{K}{1 + \eta} \qquad (5-2-35)$$

因为：

$$K_v = wL \qquad (3-1-4)$$

将（5-2-35）式代入（3-1-4）式，可得：

$$\frac{K}{1 + \eta} = wL \qquad (5-2-36)$$

由此得：

$$L = \frac{K}{w(1 + \eta)} \qquad (5-2-37)$$

将（5-2-37）式代入（5-2-31）式，得：

$$E_d = f\frac{K}{w(1 + \eta)} - [c_v + (c_\pi + \varepsilon_\pi i_\pi)m']\frac{K}{1 + \eta}$$

得：

$$E_d = \frac{K}{(1 + \eta)w}\{f - w[c_v + (c_\pi + \varepsilon_\pi i_\pi)m']\} \qquad (5-2-38)$$

（5-2-38）式是总需求缺口与资本数量之间的函数关系。

根据（5-2-38）式，可得：

$$\frac{\partial E_d}{\partial K} = \frac{1}{(1 + \eta)w}\{f - w[c_v + (c_\pi + \varepsilon_\pi i_\pi)m']\} \qquad (5-2-39)$$

（5-2-39）式是总需求缺口变化与资本数量变化之间的关系。

将（5-2-39）式与（5-2-24）式比较，可以看出，两式之间仅差一个系数$\frac{1}{(1 + \eta)w}$，因此，两者表示着同一函数关系，即，"总需求缺口变化与资本数量变化之间的关系"与"总需求缺口变化与劳动者人数（就业人数）变化之间的关系"是正相关的。所以，对总需求缺口变化与劳动者人数（就业人数）变化之间关系的讨论结论对总需求缺口变化与资本数量变化之间的关系也是适应的。

这也就是说：在资本—雇佣劳动制度中，在古典产权制度下，ε_π 值较小，总需求缺口会随着资本的增加而扩大，而且扩大速度比较高。在公有制经济中，在现代产权制度下，通过宏观调控可以实现或接近于实现 $\varepsilon_\pi = 1$，总需求缺口不会随着资本的增加而扩大，或者，有一个较低的扩大速度。

在资本—雇佣劳动制度中，在古典产权制度下，随着经济的发展，例如劳动生产率的提高和生产规模的扩大，总需求缺口会扩大，总需求不足会加剧，而且有比较高的加剧速度。在公有制经济中，在现代产权制度下，随着经济的发展，总需求缺口的扩大要小得多，如果宏观调控得当，则可消除总需求缺口，消除总需求不足。所以，要大力发展和完善社会主义公有制经济和"按劳分配"制度，坚持"公有制为主体，各种经济成分共同发展"的中国特色社会主义基本经济制度和"以按劳分配为主体，多种分配方式并存"的分配制度。这是解决总需求不足的根本制度途径。

第四篇

总需求不足与经济增长和周期模型：总需求缺口AS-AD模型基础上的静态和动态分析

第四篇将在前三篇的基础上研究总需求不足与经济增长和经济周期，建立相关的静态模型和动态模型，因此，有必要做一个承前启后的说明。

第一，第四篇在全书中的地位。本书的叙述是一个循序渐进的过程，也是从抽象到具体的过程，从简单到复杂的过程。第一篇（第一章）确定了总需求不足的内涵及其技术指标：总需求缺口，指出总需求缺口等于总供给与总需求的差。第二篇（第二章）导出了总供给函数，并且从总供给方面讨论了总需求缺口，得出了研究总需求不足的 AS 模型。第三篇（第三章到第五章）导出了总需求函数，并且从总需求方面讨论了总需求缺口，得出了研究总需求不足的 AD 模型。第四篇（第六章和第七章）将总供给与总需求综合起来讨论总需求缺口，得出研究总需求不足的 AS - AD 模型，并在此基础上，建立经济增长与周期模型。第六章是静态分析，假定各种经济行为是同时发生，不考虑生产规模形成滞后期和预期形成，构建相应的总需求不足模型，并进行分析。第七章是动态分析，考虑到生产规模形成滞后期和预期形成，在总需求不足的动态分析基础上，构建经济增长与经济周期模型。静态分析主要研究的是形成和影响总需求缺口的因素作用以及总需求不足的治理原理；动态分析主要研究的则是总需求不足状态下的经济增长、经济周期性波动和宏观经济稳定性。

第二，第四篇所需要使用的前面章节的重要公式。本篇是在前面各章结论公式的基础上推导总需求缺口的，这些公式分散在各个章节，其中一些公式离本章的文字距离又比较远。因此，为了方便后面的工作和阅读，首先将前面各章节中有关的结论汇总表述在下面。

（1）总需求缺口。第一章确定了总需求不足的技术指标总需求缺口的表达式为：

$$E_d = S - D \qquad (1-2-1)$$

用以表达总需求不足数量程度。

（2）统一总供给函数。第二章得出下列关于总供给的三个重要公式。

①统一总供给函数（2-4-17）式和（2-4-18）式：

$$S_t = \alpha_l f(a, \ \vec{x}, \ g, \ s, \ t)\left[A_{t-1} + \frac{1}{\alpha_k}I_{t-1}(\pi'_e)\right] \qquad (2-4-17)$$

$$S_t = \alpha_l f(a, \ \vec{x}, \ g, \ s, \ t)A_{t-2} + f(a, \ \vec{x}, \ g, \ s, \ t)\frac{\alpha_l}{\alpha_k}I_{t-2}(\pi'_e)$$

$$(2-4-18)$$

②用劳动量来衡量社会生产规模的统一总供给函数（2-4-19）式：

$$S_t = f(a, \ \vec{x}, \ g, \ s, \ t)\left[L_{t-2} + \alpha_f I_{t-2}(\pi'_e)\right] \qquad (2-4-19)$$

③用资本量来衡量社会生产规模的统一总供给函数（2-4-20）式和（4-4-20a）式：

$$S_t = \alpha_l f(a, \ \vec{x}, \ g, \ s, \ t)\left[K_{t-1} + i_K K_{t-2}(\pi'_e)\right] \qquad (2-4-20)$$

$$S_t = \alpha_l f(a, \ \vec{x}, \ g, \ s, \ t)\left[K_{t-1} + I_{t-1}(\pi'_e)\right] \qquad (2-4-20a)$$

（3）总需求函数。从第三章到第五章得出下列关于总需求的三个重要公式：

①总需求与劳动生产率之间的函数关系（5-1-2）式：

$$D = c_v \alpha_l A\left[w(f)\right] + (c_\pi + \varepsilon_\pi i_\pi)K\frac{m'(f)}{1+\eta(f)} \qquad (5-1-2)$$

②总需求与以劳动者数量（就业人数）之间的函数关系（5-1-13）式：

$$D = \left[c_v + (c_\pi + \varepsilon_\pi i_\pi)m'\right]wL \qquad (5-1-13)$$

③总需求与资本量之间的函数关系（5-1-15）式：

$$D = \left[c_v + (c_\pi + \varepsilon_\pi i_\pi)m'\right]\frac{K}{1+\eta} \qquad (5-1-15)$$

（4）关于公式的相互转换和使用。以上统一总供给函数的三个公式和总需求函数的三个公式，分别是统一总供给函数和总需求函数的不同表达式，因此，可以互相转换。例如，将（5-2-36）式：

$$\frac{K}{1+\eta} = wL \qquad\qquad (5-2-36)$$

分别代入总需求函数的三个表达式中，这三个表达式就可以互相转换。

统一总供给函数的三个公式和总需求函数的三个公式，可以用来从不同的侧面考察总供给函数和总需求函数。在研究中，可以根据考察的需要，选取统一总供给函数的表达式和总需求函数的表达式。

第六章

静态分析：总需求缺口及其变化模型

本章是静态分析，假定所有的经济行为是同时发生的，即，不考虑生产规模形成滞后期；同时，也不考虑预期的形成。第一部分在 AS－AD 模型中，讨论劳动生产率变化对总需求缺口的作用；第二部分讨论劳动者人数变化对总需求缺口的作用；第三部分讨论资本规模变化对总需求缺口的作用。

实际上，本书的模型提供了一个平台，可以使用这些模型讨论其他参变量，如：α_f、c_v、c_π、ε_π、i_π 等，对总需求缺口的作用，从而加深对总需求不足形成的认识，并且制定更加有效的实践解决方案。不过，本书暂时不做这项工作，留给作者今后或者以后的学者去做。

一、劳动生产率提高对总需求不足（总需求缺口）的作用

（一）总需求缺口与劳动生产率及其变化之间的函数关系

1. 总需求缺口与劳动生产率的函数关系

假定所有的经济行为是同时发生的，即不考虑生产规模形成滞后

期，同时也不考虑预期的形成。将（2 - 4 - 19）式和（5 - 1 - 13）式代入（1 - 2 - 1）式，得：

$$E_d = S - D = f(a, \vec{x}, g, s, t)[L + \alpha_f I(\pi'_e)] - [c_v + (c_\pi + \varepsilon_\pi i_\pi)m']wL$$

$$(6 - 1 - 1)$$

这里，选用总需求的（5 - 1 - 13）式，是因为剩余价值率（m'）和工资率（w）是劳动生产率（f）的函数，这个函数关系与产权制度相关，在不同的产权制度下，这个函数关系不同，因此，便于考察不同产权制度下劳动生产率变化对总需求缺口的作用。相应地，也就选取了总供给函数的（2 - 4 - 19）式。

第五篇假设剩余价值率（m'）为常数，但是，剩余价值率（m'）是劳动生产率的函数，并且与工资率（w）相关联。为了便于讨论，先确定出剩余价值率与工资率之间的关系，用工资率来表现剩余价值率。因为：

$$\frac{m}{K_v} = m' \qquad (4 - 1 - 8)$$

和：

$$K_v = wL \qquad (3 - 1 - 4)$$

所以，有：

$$m' = \frac{m}{wL} \qquad (6 - 1 - 2)$$

用 T 表示总活劳动时间，则有剩余价值（m）等于总活劳动时间（T）减去（用价值度量的）可变资本（K_v）[①]，即：

$$m = T - K_v = T - wL$$

将其代入（6 - 1 - 2）式，得：

---

① "必要劳动和剩余劳动之和，工人生产他的劳动力的补偿价值和生产剩余价值的时间之和，构成他的劳动时间的绝对量——工作日。""从整个工作日中减去必要劳动时间，就得到剩余劳动的量。"马克思恩格斯全集：第 23 卷 [M]. 北京：人民出版社，1972：257，349.

$$m' = \frac{T - wL}{wL} \tag{6-1-3}$$

将 (6 - 1 - 3) 式代入 (6 - 1 - 1) 式，得：

$$E_d = S - D = f(a, \vec{x}, g, s, t)[L + \alpha_f I(\pi'_e)] - \left[c_v + (c_\pi + \varepsilon_\pi i_\pi)\frac{T - wL}{wL}\right]wL$$

由此得：

$$E_d = S - D = f(a, \vec{x}, g, s, t)[L + \alpha_f I(\pi'_e)] - [c_v wL + (c_\pi + \varepsilon_\pi i_\pi)(T - wL)]$$

得：

$$E_d = S - D = f(a, \vec{x}, g, s, t)[L + \alpha_f I(\pi'_e)]$$
$$- [c_v wL + (c_\pi + \varepsilon_\pi i_\pi)T - (c_\pi + \varepsilon_\pi i_\pi)wL]$$

得：

$$E_d = S - D = f(a, \vec{x}, g, s, t)[L + \alpha_f I(\pi'_e)]$$
$$- [(c_\pi + \varepsilon_\pi i_\pi)T - (c_\pi + \varepsilon_\pi i_\pi - c_v)wL] \tag{6-1-4}$$

由于工资率是劳动生产率的函数，即：

$$w = w(f) \tag{3-3-7}$$

将 (3 - 3 - 7) 式代入 (6 - 1 - 4) 式，得：

$$E_d = S - D = f(a, \vec{x}, g, s, t)[L + \alpha_f I(\pi'_e)]$$
$$- [(c_\pi + \varepsilon_\pi i_\pi)T - (c_\pi + \varepsilon_\pi i_\pi - c_v)w(f)L] \tag{6-1-5}$$

(6 - 1 - 5) 式表示总需求缺口与劳动生产率之间的函数关系。

2. 总需求缺口变化与劳动生产力变化之间的函数关系

根据 (6 - 1 - 5) 式，不考虑影响劳动生产率变化的内部因素并假设总活劳动时间 T 为常数，有：

$$\frac{\partial E_d}{\partial f} = [L + \alpha_f I(\pi'_e)] + (c_\pi + \varepsilon_\pi i_\pi - c_v)L\frac{\partial w}{\partial f} \tag{6-1-6}$$

$$\frac{\partial E_d}{\partial f} = \alpha_f I(\pi'_e) + L\left[1 + (c_\pi + \varepsilon_\pi i_\pi - c_v)\frac{\partial w}{\partial f}\right] \tag{6-1-7}$$

(6 - 1 - 6) 式和 (6 - 1 - 7) 式表示总需求缺口变化与劳动生产力变化

之间的函数关系。

下面对（6－1－6）式做简单的分析说明，以对总需求缺口变化与劳动生产力变化之间的函数关系做进一步了解。

由于 L、α_f 和 I 都大于零，所以，（6－1－6）式中第一项写为：

$$[L + \alpha_f I(\pi'_e)] > 0 \qquad (6－1－8)$$

（6－1－6）式第二项则取决于 $(c_\pi + \varepsilon_\pi i_\pi - c_v)$ 和 $\dfrac{\partial w}{\partial f}$ 这两个因素，较为复杂。

首先，c_v 接近于 1，可以假定 $c_v = 1$；并且：

$$i_\pi + c_\pi = 1 \qquad (4－3－4)$$

所以 $(c_\pi + \varepsilon_\pi i_\pi - c_v)$ 值取决于预期利润率效应系数 ε_π 的大小，即投资需求源泉转化为实际投资需求的比例。当投资需求源泉全部转化为实际投资需求时，即 $\varepsilon_\pi = 1$ 时，有：

$$(c_\pi + \varepsilon_\pi i_\pi - c_v) = 0 \qquad (6－1－9)$$

当投资需求源泉不能全部转化为实际投资需求时，即 $\varepsilon_\pi < 1$ 时，则有：

$$(c_\pi + \varepsilon_\pi i_\pi - c_v) < 0 \qquad (6－1－10)$$

其次，工资率与劳动生产率的函数关系 $w = w(f)$ 由产权制度决定。在不同的产权制度下，工资率与劳动生产率的函数关系是不同的，$\dfrac{dw}{df}$ 也不同[①]。所以，下面分别讨论在古典产权制度下和在现代产权制度下总需求缺口与劳动生产率之间的变化关系。

（二）在古典产权制度下，总需求缺口与劳动生产率之间的变化关系

从价值层面的考察，在资本—雇佣劳动制度中，在古典产权制度

---

① 见（3－3－11）式～（3－3－26）式。

下，在工资的劳动力价值决定体制中，有：

$$\frac{\partial w}{\partial f} < 0 \qquad (3-3-10)$$

在一般情况下，投资需求源泉不能全部转化为实际投资需求，即 $\varepsilon_\pi < 1$，因此，有：

$$(c_\pi + \varepsilon_\pi i_\pi - c_v) < 0 \qquad (6-1-10)$$

存在。将（3-3-10）式和（6-1-10）式代入（6-1-6）式，可见其第二项可以写为：

$$(c_\pi + \varepsilon_\pi i_\pi - c_v) L \frac{\partial w}{\partial f} > 0 \qquad (6-1-11)$$

因此，在资本—雇佣劳动制度中，在古典产权制度下，在工资的劳动力价值决定体制中，有：

$$\left(\frac{\partial E_d}{\partial f} \right)_C > \left[L + \alpha_f I(\pi'_e) \right] > 0 \qquad (6-1-12)$$

即，总需求缺口会随着劳动生产率的提高而扩大，也就是，随着劳动生产率的提高总需求不足会越来越严重。

（三）在现代产权制度下，总需求缺口与劳动生产率之间的变化关系

1. 总需求缺口与劳动生产率之间的变化关系

第五章已说明：

$$\frac{dw}{df} = \frac{1}{g_v} \frac{dw_g}{df} \qquad (5-2-16)$$

将（5-2-16）式代入（6-1-6）式，其第二项可写为：

$$(c_\pi + \varepsilon_\pi i_\pi - c_v) L \frac{1}{g_v} \frac{\partial w_g}{\partial f}$$

在公有制经济中，在现代产权制度下，在工资的"按劳分配"体制中，从固定价格的货币层面看，有：

$$\frac{\partial w_g}{\partial f} > 0 \qquad (3-3-23)$$

根据（3-3-23）式和（6-1-10）式，（6-1-6）式第二项可以写为：

$$\left[(c_\pi + \varepsilon_\pi i_\pi - c_v) L \frac{1}{g_v} \frac{\partial w_g}{\partial f} \right] < 0 \qquad (6-1-13)$$

因此，在公有制经济中，在现代产权制度下，在工资的"按劳分配"体制中，有：

$$\left(\frac{\partial E_d}{\partial f} \right)_s < \left[L + \alpha_f I(\pi'_e) \right] \qquad (6-1-14)$$

2. 两种产权制度下的比较

比较（6-1-12）式和（6-1-14）式，可得：

$$\left(\frac{\partial E_d}{\partial f} \right)_s < \left(\frac{\partial E_d}{\partial f} \right)_c \qquad (6-1-15)$$

即，随着劳动生产率的提高总需求缺口扩大的程度，"在公有制经济中，在现代产权制度下，在工资的按劳分配体制中"，要比"在资本—雇佣劳动制度中，在古典产权制度下，在工资的劳动力价值体制中"小。

（四）总需求缺口不变的条件

根据（6-1-6）式可以看出，当劳动生产率提高时，总需求缺口不变的条件是：

$$\frac{\partial E_d}{\partial f} = \left[L + \alpha_f I(\pi'_e) \right] + (c_\pi + \varepsilon_\pi i_\pi - c_v) L \frac{\partial w}{\partial f} = 0$$

由此得：

$$L + \alpha_f I(\pi'_e) = -(c_\pi + \varepsilon_\pi i_\pi - c_v) L \frac{\partial w}{\partial f}$$

得：

$$L + \alpha_f I(\pi'_e) = [c_v - (c_\pi + \varepsilon_\pi i_\pi)] L \frac{\partial w}{\partial f}$$

得：

$$\frac{\partial w}{\partial f} = \frac{L + \alpha_f I(\pi'_e)}{[c_v - (c_\pi + \varepsilon_\pi i_\pi)] L}$$

得：

$$\frac{\partial w}{\partial f} = \frac{1 + \dfrac{\alpha_f I(\pi'_e)}{L}}{c_v - (c_\pi + \varepsilon_\pi i_\pi)} \qquad (6-1-16)$$

（6-1-16）式是总需求缺口不变的条件。

当：

$$\frac{\partial w}{\partial f} < \frac{1 + \dfrac{\alpha_f I(\pi'_e)}{L}}{c_v - (c_\pi + \varepsilon_\pi i_\pi)} \qquad (6-1-17)$$

时，当劳动生产率提高时，总需求缺口会扩大，总需求不足会加重。

当：

$$\frac{\partial w}{\partial f} > \frac{1 + \dfrac{\alpha_f I(\pi'_e)}{L}}{c_v - (c_\pi + \varepsilon_\pi i_\pi)} \qquad (6-1-18)$$

时，当劳动生产率提高时，总需求缺口会缩小，总需求不足会减轻。

但是，由于 $[c_v - (c_\pi + \varepsilon_\pi i_\pi)]$ 的值很小，所以，在一般情况下，只有（6-1-17）式被满足，也就是，当劳动生产率提高时，总需求缺口会扩大，总需求不足会加重。这和前面得出的结论是一致的。根据（3-3-10）式和（3-3-21）式，结合（6-1-17）式，还可以得出另一个和前面相近的结论：随着劳动生产率的提高，总需求缺口扩大的区间"在公有制经济中，在现代产权制度下，在工资的按劳分配体制中"，要比"在资本—雇佣劳动制度中，在古典产权制度下，在工资的劳动力价值体制中"小。

二、劳动者数量（就业量）增加对总需求不足（总需求缺口）的作用

（一）总需求缺口变化与劳动者人数（就业人数）变化之间的基本关系

1. 总需求缺口与劳动者人数（就业人数）变化之关系

假定所有的经济行为是同时发生的，不考虑生产规模形成的滞后期，根据（6-1-1）式：

$$E_d = S - D = f(a, \vec{x}, g, s, t)\left[L + \alpha_f I(\pi_e')\right] - \left[c_v + (c_\pi + \varepsilon_\pi i_\pi)m'\right]wL$$

$$(6-1-1)$$

有：

$$\frac{\partial E_d}{\partial L} = f(a, \vec{x}, g, s, t)\left\{1 + \frac{\partial\left[\alpha_f I(\pi_e')\right]}{\partial L}\right\} - \left[c_v + (c_\pi + \varepsilon_\pi i_\pi)m'\right]w$$

将 $\alpha_f = \dfrac{L}{K}$ 代入上式，得：

$$\frac{\partial E_d}{\partial L} = f(a, \vec{x}, g, s, t)\left\{1 + \frac{\partial\left[\dfrac{L}{K}I(\pi_e')\right]}{\partial L}\right\} - \left[c_v + (c_\pi + \varepsilon_\pi i_\pi)m'\right]w$$

得：

$$\frac{\partial E_d}{\partial L} = f(a, \vec{x}, g, s, t)\left[1 + \frac{I(\pi_e')}{K}\right] - \left[c_v + (c_\pi + \varepsilon_\pi i_\pi)m'\right]w$$

$$(6-2-1)$$

这里，先不考虑决定劳动生产率的内在因素和决定投资的预期利润

率的形成，投资的预期利润率因素将在下一章考察，决定劳动生产率的内在因素将在以后的论著中讨论。这样，（6-2-1）式可以简写为：

$$\frac{\partial E_d}{\partial L} = f\left[1 + \frac{I}{K}\right] - \left[c_v + (c_\pi + \varepsilon_\pi i_\pi)m'\right]w \qquad (6-2-2)$$

为了比较简明地看到事物的本质，假定，工资全部用于消费，利润全部用于投资源泉，即 $c_v = 1$，$c_\pi = 0$，$i_\pi = 1$。则有：

$$\frac{\partial E_d}{\partial L} = f\left[1 + \frac{I}{K}\right] - w\left[1 + \varepsilon_\pi m'\right] \qquad (6-2-3)$$

根据（3-1-4）式，有：

$$w = \frac{K_v}{L} \qquad (6-2-4)$$

将（6-2-4）式和（2-1-1）式代入（6-2-3）式，可得：

$$\frac{\partial E_d}{\partial L} = \frac{S}{L}\left(1 + \frac{I}{K}\right) - \left(\frac{K_v}{L} + \varepsilon_\pi \frac{K_v}{L}m'\right) \qquad (6-2-5)$$

因为：

$$m' = \frac{m}{K_v} \qquad (4-1-8)$$

所以，（6-2-5）式可写为：

$$\frac{\partial E_d}{\partial L} = \frac{S}{L}\left(1 + \frac{I}{K}\right) - \left(\frac{K_v}{L} + \varepsilon_\pi \frac{K_v}{L}\frac{m}{K_v}\right)$$

由此可得：

$$\frac{\partial E_d}{\partial L} = \frac{1}{L}\left[S\left(1 + \frac{I}{K}\right) - (K_v + \varepsilon_\pi m)\right] \qquad (6-2-6)$$

用：

$$i_K = \frac{I}{K} \qquad (6-2-7)$$

表示资本投资率（资本积累率），（6-2-6）式可写为：

$$\frac{\partial E_d}{\partial L} = \frac{1}{L}\left[S(1 + i_K) - (K_v + \varepsilon_\pi m)\right]$$

得：

$$\frac{\partial E_d}{\partial L} = \frac{1}{L} \big[S + i_K S - (K_v + \varepsilon_\pi m) \big] \qquad (6-2-8)$$

（6-2-6）式和（6-2-8）式表示了总需求缺口变化与劳动者人数（就业人数）变化之间的关系。

2. 变化关系的分析

第五章已经说明，在不考虑不变资本的假定条件下，有：

$$(K_v + m) = S \qquad (5-2-30)$$

所以，当 $\varepsilon_\pi = 1$ 时，即，用于投资的剩余价值或利润（投资源泉）全部转化为投资时，有：

$$(K_v + \varepsilon_\pi m) = (K_v + m) = S$$

将其代入（6-2-8）式，得：

$$\frac{\partial E_d}{\partial L} = i_K \frac{S}{L} > 0$$

将（2-1-1）式代入上式，得：

$$\frac{\partial E_d}{\partial L} = i_K f > 0 \qquad (6-2-9)$$

即，总需求缺口随着劳动者数量（就业数量）增加而增加。

当 $\varepsilon_\pi < 1$ 时，即，用于投资的剩余价值或利润（投资源泉）未全部转化为投资时，有：

$$(K_v + \varepsilon_\pi m) < (K_v + m)$$

根据（5-2-30）式，有：

$$(K_v + \varepsilon_\pi m) < S$$

由此得：

$$S - (K_v + \varepsilon_\pi m) > 0$$

根据（6-2-8）式，有：

$$\frac{\partial E_d}{\partial L} > i_K \frac{S}{L}$$

将（2-1-1）式代入上式，得：

$$\frac{\partial E_d}{\partial L} > i_K f \qquad\qquad (6-2-10)$$

即，总需求缺口随着劳动者数量（就业数量）增加而增加，并且增加速度较快。ε_π 越小，也就是用于投资的剩余价值或利润（投资源泉）转化为投资的比例越低，$[S-(K_v+\varepsilon_\pi m)]$ 的值就越大，$\frac{\partial E_d}{\partial L}$ 的值就越大，总需求缺口的增加率就越高。反之则相反。

这里需要说明的是，由于在静态分析中，假定资本（K）和投资（I）是同时起作用的，但是，在实际上，投资（I）作用比资本（K）作用滞后一个期间，存在一个生产规模形成滞后期，这在动态分析中将考察，因此，这里的静态分析中公式表达的数量关系是有一定的误差的，是一个近似的表达。

在不同的产权制度下，（$K_v+\varepsilon_\pi m$）中的各要素是不同的，因此，由（6-2-8）式可见，总需求缺口与劳动者数量之间的变化关系是不同的。下面分别讨论在古典产权制度下和在现代产权制度下总需求缺口与劳动者数量（就业人数）之间的变化关系。

（二）在古典产权制度下，总需求缺口与劳动者数量（就业人数）之间的变化关系

从（6-2-8）式可以看出，在不考虑不变资本和 $c_\pi=0$ 的假定条件下，（$K_v+\varepsilon_\pi m$）是总产出转化为总需求的部分，因此，要保持总需求缺口增加速度不变，如果可变资本（K_v）越少，那么，就需要有越多的剩余价值（m）需要通过 ε_π 转化为投资需求，否则，总需求缺口

随着劳动人数增加而增加的速度就会提高。

在资本—雇佣劳动制度中，在古典产权制度下，在工资的劳动力价值决定体制中，工资与可变资本（K_v）是由劳动力价值决定的，处于一个低位，因而，剩余价值（m）处于一个高位；这样，要维持总需求缺口增加速度不变，剩余价值（m）通过 ε_π 转化为投资需求的压力就较高。而在资本—雇佣劳动的古典产权制度下，剩余价值转化为投资的行为与比例（ε_π）是由资本家的预期与主观行为所实现的。马克思指出，由于经济周期的波动和利润率的下行，资本家的投资行为常常遇到限制，不能有效地完成剩余价值向投资需求的转化，会出现所谓"资本过剩"现象。[①] 这也就是，ε_π 值较小。因此，有：

$$(K_v + \varepsilon_\pi m)_C < S \qquad (6-2-11)$$

将其代入（6-2-8）式，有：

$$\left(\frac{\partial E_d}{\partial L} \right)_C = \frac{1}{L} \left[S + i_K S - (K_v + \varepsilon_\pi m)_C \right] > 0 \qquad (6-2-12)$$

且数值较大，即，总需求缺口会随着劳动者数量的增加而扩大，而且扩大速度比较高。

（三）在现代产权制度下，总需求缺口与劳动者数量（就业人数）之间的变化关系

一方面，在公有制经济中，在现代产权制度下，在工资的"按劳分配"体制中，工资与可变资本（K_v）是由"按劳分配"决定的，相对于"在资本—雇佣劳动制度中，在古典产权制度下，在工资的劳动力价值决定体制中"，有一个较高的值。

另一方面，剩余价值转化为投资的行为与比例（ε_π）不再通过资

---

① 马克思恩格斯全集：第 25 卷［M］. 北京：人民出版社，1975：269-296.

本家的预期与主观行为来实现，而是由社会的可控行为所实现，通过宏观调控可以实现或接近于实现 $\varepsilon_\pi = 1$，即可以实现或接近于实现：

$$(K_v + \varepsilon_\pi m)_S = S \qquad (6-2-13)$$

将（6-2-13）式与（6-2-11）式比较，可以看到：

$$(K_v + \varepsilon_\pi m)_S > (K_v + \varepsilon_\pi m)_C \qquad (6-2-14)$$

将（6-2-13）式代入（6-2-8）式，有：

$$\left(\frac{\partial E_d}{\partial L}\right)_S = \frac{1}{L}\left[S + i_K S - (K_v + \varepsilon_\pi m)_S\right] > 0 \qquad (6-2-15)$$

即：

$$\left(\frac{\partial E_d}{\partial L}\right)_S = \frac{1}{L}\left[i_K S\right] > 0 \qquad (6-2-15a)$$

但是，根据（6-2-14）式，将（6-2-15）式、（6-2-15a）式与（6-2-12）式比较，可以看出：

$$\left(\frac{\partial E_d}{\partial L}\right)_S < \left(\frac{\partial E_d}{\partial L}\right)_C \qquad (6-2-16)$$

即，虽然，在公有制经济中，在现代产权制度下，在工资的"按劳分配"体制中，总需求缺口会随着劳动者人数的增加而扩大；但是，比之在资本—雇佣劳动制度中，在古典产权制度下，在工资的劳动力价值决定体制中，有一个较小的扩大速度。

三、资本数量增加对总需求不足（总需求缺口）的作用

（一）总需求缺口变化与资本数量变化之间的基本关系

1. 总需求缺口与资本数量变化的关系

假定所有的经济行为是同时发生的，也就是不考虑生产规模形成的

总需求不足下的经济增长与周期模型

滞后期；同时，不考虑预期的形成。将（2 - 4 - 20′）和（5 - 1 - 15）代入（1 - 2 - 1）式得：

$$E_d = S - D = \alpha_l f(a, \vec{x}, g, s, t)[K + I(\pi'_e)] - [c_v + (c_\pi + \varepsilon_\pi i_\pi)m']\frac{K}{1 + \eta}$$

$$(6 - 3 - 1)$$

因为：

$$\alpha_l = \frac{f_A}{f} = \frac{L}{A} \qquad (2 - 1 - 11)$$

$$\alpha_f = \frac{L}{K} \qquad (2 - 3 - 11)$$

当用资本（K）度量社会生产规模（A）时，有：

$$\alpha_l = \frac{L}{K} = \alpha_f$$

所以（6 - 3 - 1）式可写为：

$$E_d = S - D = \frac{L}{K} f(a, \vec{x}, g, s, t)[K + I(\pi'_e)] - [c_v + (c_\pi + \varepsilon_\pi i_\pi)m']\frac{K}{1 + \eta}$$

将（5 - 2 - 38）式代入上式，得：

$$E_d = \frac{1}{w(1 + \eta)} f(a, \vec{x}, g, s, t)[K + I(\pi'_e)] - [c_v + (c_\pi + \varepsilon_\pi i_\pi)m']\frac{K}{1 + \eta}$$

由此可得：

$$\frac{\partial E_d}{\partial K} = \frac{1}{w(1 + \eta)} f(a, \vec{x}, g, s, t) - [c_v + (c_\pi + \varepsilon_\pi i_\pi)m']\frac{1}{1 + \eta}$$

得：

$$\frac{\partial E_d}{\partial K} = \frac{1}{w(1 + \eta)}\{f(a, \vec{x}, g, s, t) - [c_v + (c_\pi + \varepsilon_\pi i_\pi)m']w\}$$

$$(6 - 3 - 2)$$

这里，先不考虑决定劳动生产率的内在因素，决定劳动生产率的内在因素将在以后的论著中讨论。这样，（6 - 3 - 2）式可以简写为：

$$\frac{\partial E_d}{\partial K} = \frac{1}{w(1 + \eta)}\{f - [c_v + (c_\pi + \varepsilon_\pi i_\pi)m']w\} \qquad (6 - 3 - 3)$$

　　为了比较简明地看到事物的本质，假定，工资全部用于消费，利润全部用于投资源泉，即：

$$c_v = 1 \quad c_\pi = 0 \quad i_\pi = 1$$

则有：

$$\frac{\partial E_d}{\partial K} = \frac{1}{w(1+\eta)} \left\{ f - [1 + \varepsilon_\pi m'] w \right\} \qquad (6-3-4)$$

根据（3-1-4）式可以写为：

$$w = \frac{K_v}{L} \qquad (6-3-5)$$

将（6-3-5）式和（2-1-1）式代入（6-3-4）式，可得：

$$\frac{\partial E_d}{\partial K} = \frac{L}{K_v(1+\eta)} \left\{ \frac{S}{L} - \frac{K_v}{L}[1 + \varepsilon_\pi m'] \right\} \qquad (6-3-6)$$

根据（3-2-3）式，可得：

$$\frac{\partial E_d}{\partial K} = \frac{1}{K}[S - K_v(1 + \varepsilon_\pi m')] \qquad (6-3-7)$$

因为：

$$m' = \frac{m}{K_v} \qquad (4-1-8)$$

所以，（6-3-7）式可写为：

$$\frac{\partial E_d}{\partial K} = \frac{1}{K}[S - (K_v + \varepsilon_\pi m)] \qquad (6-3-8)$$

（6-3-8）式表示了总需求缺口变化与资本数量变化之间的函数关系。

2. 变化关系的分析

　　在不考虑固定资本和 $c_\pi = 0$ 的假定条件下，有：

$$(K_v + m) = S \qquad (5-2-30)$$

　　所以，当 $\varepsilon_\pi = 1$ 时，即，用于投资的剩余价值或利润（投资源泉）全部转化为投资时，有：

$$\frac{\partial E_d}{\partial K} = \frac{1}{K} \big[S - (K_v + \varepsilon_\pi m) \big] = 0 \qquad (6-3-9)$$

即，总需求缺口不会随着资本数量增加而变化。

当 $\varepsilon_\pi < 1$ 时，即，用于投资的剩余价值或利润（投资源泉）未全部转化为投资时，则有：

$$\frac{\partial E_d}{\partial K} = \frac{1}{K} \big[S - (K_v + \varepsilon_\pi m) \big] > 0 \qquad (6-3-10)$$

即，总需求缺口随着资本数量增加而增加，ε_π 越小，也就是用于投资的剩余价值或利润（投资源泉）转化为投资的比例越低，总需求缺口的增加率就越高。反之则相反。

这里需要说明的是，由于在静态分析中，假定资本（K）和投资（I）是同时起作用的，但是，在实际上，投资（I）作用比资本（K）作用滞后一个期间，生产规模形成存在一个滞后期，这将在动态分析中考察，因此，这里的静态分析中公式表达的数量关系是有一定误差的，是一个近似的表达。

在不同的产权制度下，（$K_v + \varepsilon_\pi m$）中的各要素的决定是不同的，因此，由（6-3-8）式可见，总需求缺口与资本数量之间的变化关系也是不同的。下面分别讨论在古典产权制度下和在现代产权制度下总需求缺口与资本数量之间的变化关系。

（二）在古典产权制度下，总需求缺口与资本数量之间的变化关系

从（6-3-8）式可以看出，在不考虑不变资本和 $c_\pi = 0$ 的假定条件下，（$K_v + \varepsilon_\pi m$）是总产出转化为总需求的部分，因此，要保持总需求缺口不变，如果可变资本（K_v）越少，那么，就需要有越多的剩余价值（m）需要通过 ε_π 转化为投资需求，否则，总需求缺口随着劳动

人数增加而增加的速度就会提高。

在资本—雇佣劳动制度中，在古典产权制度下，在工资的劳动力价值决定体制中，工资与可变资本（K_v）是由劳动力价值决定的，处于一个低位，因而，剩余价值（m）处于一个高位；因此，要维持总需求缺口不变，剩余价值（m）通过 ε_π 转化为投资需求的压力就较高。而在资本—雇佣劳动的古典产权制度下，剩余价值转化为投资的行为与比例（ε_π）是由资本家的预期与主观行为所实现的。马克思指出，由于经济周期的波动和利润率的下行，资本家的投资行为常常遇到限制，不能有效地完成剩余价值向投资需求的转化，会出现所谓"资本过剩"现象。[①] 这也就是，ε_π 值较小：

$$(K_v + \varepsilon_\pi m)_C < S \qquad (6-3-11)$$

因此，有：

$$\left(\frac{\partial E_d}{\partial K}\right)_C = \frac{1}{K}\left[S - (K_v + \varepsilon_\pi m)\right] > 0 \qquad (6-3-12)$$

即，总需求缺口会随着资本数量的增加而扩大，而且扩大速度比较高。

（三）在现代产权制度下，总需求缺口与资本数量之间的变化关系

一方面，在公有制经济中，在现代产权制度下，在工资的"按劳分配"体制中，工资与可变资本（K_v）是由"按劳分配"决定的，相对于"在资本—雇佣劳动制度中，在古典产权制度下，在工资的劳动力价值决定体制中"，有一个较高的值。

另一方面，剩余价值转化为投资的行为与比例（ε_π）不再通过资本家的预期与主观行为来实现，而是由社会的可控行为所实现，通过宏

---

① 马克思恩格斯全集：第25卷 [M]. 北京：人民出版社，1975：269-296.

观调控可以实现或接近于实现 $\varepsilon_\pi = 1$，可以实现或接近于实现：

$$\left(\frac{\partial E_d}{\partial K}\right)_S = \frac{1}{K}\left[S - (K_v + \varepsilon_\pi m)\right] = 0 \qquad (6-3-13)$$

即，总需求缺口不会随着资本数量的增加而扩大，或者，有一个较小的扩大速度。

比较（6-3-12）式和（6-3-13）式，可见：

$$\left(\frac{\partial E_d}{\partial K}\right)_S < \left(\frac{\partial E_d}{\partial K}\right)_C \qquad (6-3-14)$$

即，在资本—雇佣劳动制度中，在古典产权制度下，ε_π 值较小，总需求缺口会随着资本的增加而扩大，而且扩大速度比较高；在公有制经济中，在现代产权制度下，通过宏观调控可以实现或接近于实现 $\varepsilon_\pi = 1$，总需求缺口不会随着资本的增加而扩大，或者，有一个较小的扩大速度。

综合以上分析可见：在资本—雇佣劳动制度中，在古典产权制度下，随着经济的发展，例如劳动生产率的提高和生产规模的扩大，总需求缺口会扩大，总需求不足会加剧，而且有比较高的加剧速度。在公有制经济中，在现代产权制度下，随着经济的发展，总需求缺口的扩大要小得多，如果宏观调控得当，则可消除总需求缺口，消除总需求不足。所以，要大力发展和完善社会主义公有制经济和"按劳分配"制度，坚持"公有制为主体，各种经济成分共同发展"的中国特色社会主义基本经济制度和"以按劳分配为主体，多种分配方式并存"的分配制度。这是解决总需求不足的根本制度途径。

第七章

动态分析：总需求不足状态下的
经济增长与周期

本章进行动态分析，介入生产规模形成滞后期和预期形成。静态分析主要研究的是形成和影响总需求缺口的因素作用以及治理总需求不足的原理。动态分析则主要研究总需求不足状态下的经济增长与周期性波动及其稳定性。下面，首先，介入生产规模形成滞后期，研究总需求不足状态下的经济增长与周期性波动及其稳定性；其次，介入预期的形成，进一步研究总需求不足状态下的经济增长与周期性波动及其稳定性。

一、动态分析中相关公式的选择

前面已经求出了若干个总需求不足的公式，每个公式都有其特点，适合于不同的研究方面。

考虑到生产规模形成滞后期和预期的形成，将（2 – 4 – 19）式和（5 – 1 – 13）式代入（1 – 2 – 1）式，得：

$$E_{d,t} = S_t - D_t = f(a, \vec{x}, g, s, t)[L_{t-1} + \alpha_f I_{t-1}(\pi'_e)]$$

$$- [c_v + (c_\pi + \varepsilon_\pi i_\pi)m']wL_t \qquad (7-1-1)$$

（7－1－1）式用劳动生产率（w）和劳动者数量（L_t）作为自变量来考察总需求不足以及经济的运行。

将（2－4－20）式和（5－1－15）式代入（1－2－1）式得：

$$E_{d,t} = S_t - D_t = \alpha_l f(a, \vec{x}, g, s, t)[K_{t-1} + i_K K_{t-2}(\pi'_e)]$$

$$- [c_v + (c_\pi + \varepsilon_\pi i_\pi)m']\frac{K_t}{1+\eta} \qquad (7-1-2)$$

（7－1－2）式用资本数量（K）作为自变量来考察总需求不足以及经济的运行。

（7－1－1）式和（7－1－2）式表达了相同的经济数量关系，只是表达的侧重面不同，两者是可以互相转换，例如，通过代入（5－2－36）式来相互转换。

在动态分析时，在考察经济增长与周期性运动时，用以资本（K）度量的生产规模（A）的公式是比较合适的。因此，对于考察经济增长和周期来说，（7－1－2）式更加方便。因此，下面，选择使用（7－1－2）式来进行讨论。

二、考虑到生产规模形成滞后期的总需求不足状态下的经济增长与周期

首先，建立总需求不足的动态基本方程；其次，求解这个方程，由这个方程的解可以求出在总需求不足状态下资本（K）运动的时径（时间途径），这个时径是资本增长与周期性运动的统一；最后，由资本运动的时径求出总供给运动的时径，这也就是宏观经济的增长与周期性运动的统一。

（一） 总需求不足的动态基础方程

为了简单，先不考虑决定劳动生产率的内部因素，（7-1-2）式可以写为：

$$E_{d,t} = \alpha_l f[K_{t-1} + i_K K_{t-2}(\pi'_e)] - [c_v + (c_\pi + \varepsilon_\pi i_\pi)m']\frac{K_t}{1+\eta}$$

$$(7-2-1)$$

由此，得：

$$E_{d,t} = \alpha_l f K_{t-1} + \alpha_l f i_K K_{t-2}(\pi'_e) - [c_v + (c_\pi + \varepsilon_\pi i_\pi)m']\frac{K_t}{1+\eta}$$

$$(7-2-2)$$

令：

$$\gamma = \frac{c_v + (c_\pi + \varepsilon_\pi i_\pi)m'}{1+\eta} \qquad (7-2-3)$$

（7-2-2）式可写为：

$$E_{d,t} = \alpha_l f K_{t-1} + \alpha_l f i_K K_{t-2}(\pi'_e) - \gamma K_t \qquad (7-2-4)$$

其中：

$$\alpha_l = \frac{f_A}{f} \qquad (2-1-8)$$

是社会生产规模产出率与劳动生产率的比例。因此：

$$\alpha_l f = \frac{f_A}{f}f = f_A = \frac{S}{A}$$

当用资本量（K）度量社会生产规模（A）时，则有：

$$\alpha_l f = \frac{S}{A} = \frac{S}{K} = f_K \qquad (7-2-5)$$

将（7-2-5）式代入（7-2-4）式，有：

$$E_{d,t} = f_K K_{t-1} + f_K i_K K_{t-2}(\pi'_e) - \gamma K_t \qquad (7-2-6)$$

整理（7-2-6）式，可得：

$$-\gamma K_{t+2} + f_K K_{t+1} + f_K i_K K_t(\pi'_e) = E_{d,t} \qquad (7-2-7)$$

令：

$$\gamma_f = \frac{f_K}{-\gamma} \qquad (7-2-8)$$

（7-2-7）式可写为：

$$K_{t+2} + \gamma_f K_{t+1} + \gamma_f i_K K_t(\pi'_e) = \frac{E_{d,t}}{-\gamma} \qquad (7-2-9)$$

令：

$$\gamma_E = \frac{E_{d,t}}{-\gamma} \qquad (7-2-10)$$

（7-2-9）式可以写为：

$$K_{t+2} + \gamma_f K_{t+1} + \gamma_f i_K K_t(\pi'_e) = \gamma_E \qquad (7-2-11)$$

（7-2-11）式就是总需求不足的动态基础方程。

由于，在动态分析中，主要考察的是在总需求不足下的经济增长与周期，所以，假定总需求缺口 $E_{d,t}$ 为常数。

（二） 动态基础方程的解

（7-2-11）式是一个二阶差分方程，其解由特别积分 K_p 和余函数 K_c 两部分组成。

1. 特别积分 K_p

K_p 可写为：

$$K_p = \frac{\gamma_E}{1 + \gamma_f + \gamma_f i_K} \qquad (7-2-12)$$

将（7-2-8）式和（7-2-10）式代入（7-2-12）式，得：

$$K_p = \cfrac{\cfrac{E_{d,t}}{-\gamma}}{1 + \cfrac{f_K}{-\gamma} + \cfrac{f_K}{-\gamma}i_K} = \frac{E_{d,t}}{-\gamma + f_K + f_K i_K} \qquad (7-2-13)$$

2. 余函数 K_c

（1）余函数的第一种表达式。（7 – 2 – 11）式的特征根为：

$$b_1，b_2 = \frac{-\gamma_f \pm \sqrt{\gamma_f^2 - 4\gamma_f i_K}}{2} \qquad (7-2-14)$$

其中：

$$\sqrt{\gamma_f^2 - 4\gamma_f i_K} = \gamma_f \sqrt{1 - 4\frac{i_K}{\gamma_f}} \qquad (7-2-15)$$

将（7 – 2 – 8）式代入（7 – 2 – 15）式等号右边，得：

$$\sqrt{\gamma_f^2 - 4\gamma_f i_K} = \gamma_f \sqrt{1 + 4\frac{\gamma i_K}{f_K}} \qquad (7-2-16)$$

因为 γ_f、γ、i_K、f_K 都大于零，所以：

$$\sqrt{\gamma_f^2 - 4\gamma_f i_K} = \gamma_f \sqrt{1 + 4\frac{\gamma i_K}{f_K}} > 0$$

由此可知：

$$(\gamma_f^2 - 4\gamma_f i_K) > 0 \qquad (7-2-17)$$

因此，特征根 b_1，b_2 是两个正实数，余函数 K_c 为：

$$K_c = A_1 \left(\frac{-\gamma_f + \sqrt{\gamma_f^2 - 4\gamma_f i_K}}{2} \right)^t + A_2 \left(\frac{-\gamma_f - \sqrt{\gamma_f^2 - 4\gamma_f i_K}}{2} \right)^t$$

$$(7-2-18)$$

其中，A_1 和 A_2 为由初始条件决定的待定系数。（7 – 2 – 18）式是余函数的第一种表达式。

（2）余函数的第二种表达式。在余函数（7 – 2 – 18）式中有：

$$\sqrt{\gamma_f^2 - 4\gamma_f i_K} = \gamma_f \sqrt{1 - 4\frac{i_K}{\gamma_f}}$$

因此余函数 (7 - 2 - 18) 式可以写为：

$$K_c = A_1 \left(\frac{-\gamma_f + \gamma_f \sqrt{1 - 4\dfrac{i_k}{\gamma_f}}}{2} \right)^t + A_2 \left(\frac{-\gamma_f - \gamma_f \sqrt{1 - 4\dfrac{i_k}{\gamma_f}}}{2} \right)^t$$

将 (7 - 2 - 8) 式代入上式，余函数则可写为：

$$K_c = A_1 \left[\frac{\dfrac{f_K}{\gamma}\left(1 - \sqrt{1 - 4\dfrac{i_k}{\gamma_f}}\right)}{2} \right]^t + A_2 \left[\frac{\dfrac{f_K}{\gamma}\left(1 + \sqrt{1 - 4\dfrac{i_k}{\gamma_f}}\right)}{2} \right]^t$$

$$(7 - 2 - 19)$$

(7 - 2 - 19) 式是余函数的第二种表达式。

（3）余函数的第三种表达式。将 (7 - 2 - 8) 式代入下式：

$$\sqrt{1 - 4\frac{i_k}{\gamma_f}}$$

有：

$$\sqrt{1 - 4\frac{i_k}{\gamma_f}} = \sqrt{1 + 4\frac{\gamma i_K}{f_K}} \qquad (7 - 2 - 20)$$

将 (7 - 2 - 20) 式代入 (7 - 2 - 19) 式，得：

$$K_c = A_1 \left[\frac{\dfrac{f_K}{\gamma}\left(1 - \sqrt{1 + 4\dfrac{\gamma i_K}{f_K}}\right)}{2} \right]^t + A_2 \left[\frac{\dfrac{f_K}{\gamma}\left(1 + \sqrt{1 + 4\dfrac{\gamma i_K}{f_K}}\right)}{2} \right]^t$$

$$(7 - 2 - 21)$$

(7 - 2 - 21) 式是余函数的第三种表达式。

3. 通解

动态基础方程二阶差分方程 (7 - 2 - 11) 式的通解由特别积分 K_p 和余函数 K_c 两部分相加组成，即：

$$K_t = K_p + K_c \qquad (7 - 2 - 22)$$

将 (7 - 2 - 13) 式和 (7 - 2 - 21) 式代入 (7 - 2 - 22) 式，得：

$$K_t = A_1 \left[\frac{\dfrac{f_K}{\gamma} \left(1 - \sqrt{1 + 4\dfrac{\gamma i_K}{f_K}} \right)}{2} \right]^t + A_2 \left[\frac{\dfrac{f_K}{\gamma} \left(1 + \sqrt{1 + 4\dfrac{\gamma i_K}{f_K}} \right)}{2} \right]^t + \frac{E_{d,t}}{-\gamma + f_K + f_K i_K}$$

$$(7 - 2 - 23)$$

（三）解 的 分 析

1. 特别积分 K_p 的分析

将（7-2-10）式和（7-2-8）式代入（7-2-12）式，得：

$$K_p = \frac{\gamma_E}{1 + \gamma_f + \gamma_f i_K} = \frac{\dfrac{E_{d,t}}{-\gamma}}{1 + \dfrac{f_K}{-\gamma} + \dfrac{f_K}{-\gamma} i_K} = \frac{E_{d,t}}{-\gamma + f_K + f_K i_K}$$

由此得：

$$K_p = \frac{E_{d,t}}{-\gamma + f_K (1 + i_K)} \qquad (7 - 2 - 24)$$

在（7-2-3）式中，为了比较简明地看到事物的本质，假定，工资全部用于消费，利润全部用于投资源泉，并且不考虑预期的作用，即，$c_v = 1$，$c_\pi = 0$，$i_\pi = 1$，$\varepsilon_\pi = 1$。
则有：

$$c_v = 1，\ (c_\pi + \varepsilon_\pi i_\pi) = 1$$

（7-2-3）式可写为：

$$\gamma = \frac{1 + m'}{1 + \eta} = \frac{1 + \dfrac{m}{K_v}}{1 + \dfrac{K_c}{K_v}} = \frac{K_v + m}{K_v + K_c} = \frac{K_v + m}{K} \qquad (7 - 2 - 25)$$

将（7-2-25）式和（5-2-4）式代入（7-2-24）式，得：

$$K_p = \frac{E_{d,t}}{-\dfrac{K_v + m}{K} + \dfrac{S}{K}(1 + i_K)}$$

得：

$$K_p = \frac{KE_{d,t}}{-(K_v + m) + S + Si_K} \qquad (7-2-26)$$

因为：

$$S - (K_v + m) = k_c \qquad (7-2-27)$$

是不变资本转移到产品中的价值量。将（7-2-27）式代入（7-2-26）式，可得：

$$K_p = \frac{KE_{d,t}}{k_c + Si_K} \qquad (7-2-28)$$

由于（7-2-28）式中所有的量都大于零，因此可知：

$$K_p > 0 \qquad (7-2-29)$$

特别积分 K_p 是 K_t 的瞬间均衡值。

2. 余函数 K_c 的分析

（1）余函数 K_c 的关键要素 $\sqrt{1 + 4\dfrac{\gamma i_K}{f_K}}$ 的分析。将（2-3-14）式和（5-2-4）式代入余函数的第三种表达式（7-2-21）式中的

$$\sqrt{1 + 4\frac{\gamma i_K}{f_K}}$$

得：

$$\sqrt{1 + 4\frac{\gamma i_K}{f_K}} = \sqrt{1 + 4\frac{\gamma \dfrac{I}{K}}{\dfrac{S}{K}}}$$

由此得：

$$\sqrt{1+4\frac{\gamma i_K}{f_K}} = \sqrt{1+4\gamma\frac{I}{S}} \qquad (7-2-30)$$

由于（7-2-30）式中所有的量都大于零，所以，可知：

$$\sqrt{1+4\frac{\gamma i_K}{f_K}} > 1 \qquad (7-2-31)$$

（2）余函数的第一项。将（7-2-31）式代入余函数的第三种表达式：

$$K_c = A_1\left[\frac{\frac{f_K}{\gamma}\left(1-\sqrt{1+4\frac{\gamma i_K}{f_K}}\right)}{2}\right]^t + A_2\left[\frac{\frac{f_K}{\gamma}\left(1+\sqrt{1+4\frac{\gamma i_K}{f_K}}\right)}{2}\right]^t$$

$$(7-2-21)$$

可知，余函数（7-2-21）式第一项：

$$\left[\frac{\frac{f_K}{\gamma}\left(1-\sqrt{1+4\frac{\gamma i_K}{f_K}}\right)}{2}\right] < 0 \qquad (7-2-32)$$

因此，余函数（7-2-21）式第一项可写为：

$$A_1\left[\frac{\frac{f_K}{\gamma}\left(1-\sqrt{1+4\frac{\gamma i_K}{f_K}}\right)}{2}\right]^t$$

它是一个随着时间（t）的变化在正负之间振荡的量，表示了资本（K）的周期性运动。这个振荡有三种情况：收敛、发散和等幅振荡。

①第一种情况：收敛。

当：

$$-1 < \left[\frac{\frac{f_K}{\gamma}\left(1-\sqrt{1+4\frac{\gamma i_K}{f_K}}\right)}{2}\right] < 0 \qquad (7-2-32a)$$

时，余函数（7-2-21）式第一项可写为：

$$A_1\left[\frac{\dfrac{f_K}{\gamma}\left(1-\sqrt{1-4\dfrac{i_k}{\gamma_f}}\right)}{2}\right]^t$$

它是一个随着时间（t）的变化在正负之间振荡的量，但是，振幅越来越小，当时间（t）趋近于无穷大时，这一项趋近于零。这种情况可用示意图 7 – 2 – 1 – a 来表示。

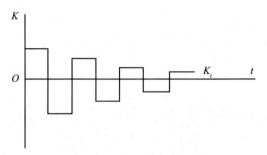

图 7 – 2 – 1 – a 　收敛状态

②第二种情况：等幅振荡。

当：

$$\left[\frac{\dfrac{f_K}{\gamma}\left(1-\sqrt{1+4\dfrac{\gamma i_K}{f_K}}\right)}{2}\right]=-1 \qquad (7-2-32\text{b})$$

时，余函数（7 – 2 – 21）式第一项可写为：

$$A_1\left[\frac{\dfrac{f_K}{\gamma}\left(1-\sqrt{1+4\dfrac{\gamma i_K}{f_K}}\right)}{2}\right]^t$$

它是一个随着时间（t）的变化在正负之间振荡的量，且振幅不变。这种情况可用示意图 7 – 2 – 1 – b 来表示。

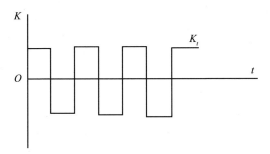

图 7 - 2 - 1 - b　等幅振荡状态

③第三种情况：发散。

当：

$$\left[\frac{\frac{f_K}{\gamma}\left(1 - \sqrt{1 + 4\frac{\gamma i_K}{f_K}} \right)}{2} \right] < -1 \qquad (7 - 2 - 32c)$$

时，余函数（7 - 2 - 21）式第一项为：

$$A_1 \left[\frac{\frac{f_K}{\gamma}\left(1 - \sqrt{1 + 4\frac{\gamma i_K}{f_K}} \right)}{2} \right]^t$$

它是一个随着时间（t）的变化在正负之间振荡的量，并且振幅越来越大。这种情况可用示意图 7 - 2 - 1 - c 来表示。

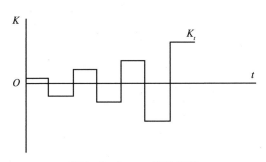

图 7 - 2 - 1 - c　发散状态

（3）余函数的第二项。

将（7 – 2 – 31）式代入余函数（7 – 2 – 21）式，可知，余函数（7 – 2 – 21）式第二项：

$$\left[\frac{\frac{f_K}{\gamma}\left(1 + \sqrt{1 + 4\frac{\gamma i_K}{f_K}}\right)}{2}\right] > 0 \qquad (7 - 2 - 33)$$

不仅如此，而且，因为：

$$\gamma = \frac{K_v + m}{K} \qquad (7 - 2 - 25)$$

和：

$$f_K = \frac{S}{K} \qquad (5 - 2 - 4)$$

所以：

$$\frac{f_K}{\gamma} = \frac{S}{K}\frac{K}{K_v + m} = \frac{S}{K_v + m}$$

又因为：

$$S - (K_v + m) = k_c \qquad (7 - 2 - 27)$$

所以，有：

$$\frac{f_K}{\gamma} = \frac{S}{K}\frac{K}{K_v + m} = \frac{S}{K_v + m} > 1 \qquad (7 - 2 - 34)$$

又因为：

$$\sqrt{1 + 4\frac{\gamma i_K}{f_K}} > 1 \qquad (7 - 2 - 31)$$

所以，根据（7 – 2 – 34）式和（7 – 2 – 31）式，有：

$$\left[\frac{\frac{f_K}{\gamma}\left(1 + \sqrt{1 + 4\frac{\gamma i_K}{f_K}}\right)}{2}\right] > 1 \qquad (7 - 2 - 35)$$

因此，余函数（7-2-21）式第二项为：

$$A_2\left[\frac{\dfrac{f_K}{\gamma}\left(1+\sqrt{1+4\dfrac{\gamma i_K}{f_K}}\right)}{2}\right]^t$$

它是一个随着时间（t）的推移而增长的量，表示了资本（K）增长，可用示意图7-2-2来表示。

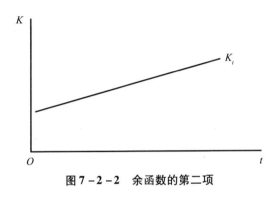

图7-2-2　余函数的第二项

（4）余函数。余函数（7-2-21）式是其第一项和第二项的加总，所以，也有收敛、等幅振荡和发散等三种情况，如示意图7-2-3所示。

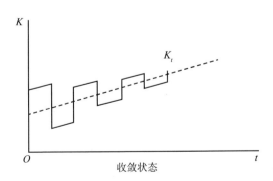

收敛状态

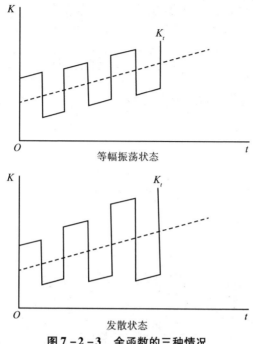

图 7 - 2 - 3　余函数的三种情况

余函数表现了资本（K）在周期性波动中增长，即，资本（K）的增长与周期性波动的统一。

3. 通解（K_t）的分析

动态基础方程（7 - 2 - 11）式的通解表示了资本（K）的运动时径，也就是资本（K）的运动时间轨迹。综合以上分析，可知方程（7 - 2 - 11）式的通解：

$$K_t = A_1 \left[\frac{\frac{f_K}{\gamma}\left(1 - \sqrt{1 + 4\frac{\gamma i_K}{f_K}}\right)}{2} \right]^t + A_2 \left[\frac{\frac{f_K}{\gamma}\left(1 + \sqrt{1 + 4\frac{\gamma i_K}{f_K}}\right)}{2} \right]^t + \frac{E_{d,t}}{-\gamma + f_K + f_K i_K}$$

$$(7 - 2 - 23)$$

其第三项（K_p）是一个正数，是资本（K）一个瞬间均衡值；第二项是一个随时间（t）增加而增长的量，表示了资本（K）增长；第一项是一个随时间（t）增加而周期性变化的量，有收敛、等幅振荡和发散等三种情况。资本（K）的运动时径（K_t）是这三项的叠加，因此，也有收敛、等幅振荡和发散等三种情况。如图 7 - 2 - 4 所示。

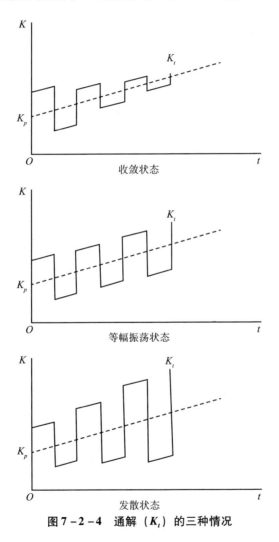

图 7 - 2 - 4 通解（K_t）的三种情况

通解（7 - 2 - 23）式是资本增长与周期性波动的辩证统一。

（四）总需求不足状态下的经济增长与周期

用总供给来表现宏观经济的状态和总量。

1. 总供给的时间途径（S_t）

在一般生产函数 $S = f_A A$ 中，用资本（K）来度量生产规模，则有 $S = f_K K$。

加入时间（t）因素，并且不考虑生产的滞后期，则有：

$$S_t = f_K K_t \qquad (7-2-36)$$

假定 f_K 为常数，则总供给（S）等于资本量（K）乘以一个常数，因此，总供给与资本量有相同的运动轨迹。

将（7-2-23）式代入（7-2-36）式，得：

$$S_t = f_K \left\{ A_1 \left[\frac{\frac{f_K}{\gamma}\left(1 - \sqrt{1 + 4\frac{\gamma i_K}{f_K}}\right)}{2} \right]^t + A_2 \left[\frac{\frac{f_K}{\gamma}\left(1 + \sqrt{1 + 4\frac{\gamma i_K}{f_K}}\right)}{2} \right]^t + \frac{E_{d,t}}{-\gamma + f_K + f_K i_K} \right\}$$

由此得：

$$S_t = f_K A_1 \left[\frac{\frac{f_K}{\gamma}\left(1 - \sqrt{1 + 4\frac{\gamma i_K}{f_K}}\right)}{2} \right]^t + f_K A_2 \left[\frac{\frac{f_K}{\gamma}\left(1 + \sqrt{1 + 4\frac{\gamma i_K}{f_K}}\right)}{2} \right]^t + \frac{f_K E_{d,t}}{-\gamma + f_K + f_K i_K}$$

$$(7-2-37)$$

由此得总供给的时间途径：

$$S_t = f_K A_1 \left[\frac{\frac{f_K}{\gamma}\left(1 - \sqrt{1 + 4\frac{\gamma}{f_K} i_K}\right)}{2} \right]^t + f_K A_2 \left[\frac{\frac{f_K}{\gamma}\left(1 + \sqrt{1 + 4\frac{\gamma}{f_K} i_K}\right)}{2} \right]^t + \frac{E_{d,t}}{1 - \frac{\gamma}{f_K} + i_K}$$

$$(7-2-38)$$

（7-2-38）式也是经济周期与经济增长的统一的公式。（7-2-38）

式第一项表明总供给周期性运动即经济周期，第二项表明总供给持续增长即经济增长，第三项（S_p）是瞬间总供给均衡点即经济均衡点。根据第一项的状态，总供给也有收敛、等幅振荡和发散等三种情况。如图 7 - 2 - 5 所示。

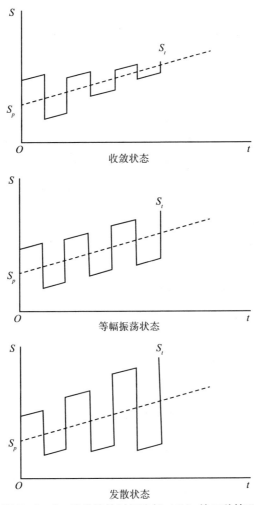

图 7 - 2 - 5　总供给的时间途径（S_t）的三种情况

（7 - 2 - 38）式表明经济周期与经济增长的统一。发散情况是经济崩溃的状态，等幅振荡的情况则是临界状态。

2. 收敛和发散讨论：增长与周期的统一以及投资率的相机抉择

从（7-2-38）式可以得出以下结论。

第一，经济增长与经济周期是辩证的统一。（7-2-38）式第一项表明经济周期，第二项表明经济增长，经济增长与经济周期是由相同的因素$\left(i_K\text{ 和}\dfrac{\gamma}{f_K}\right)$决定的，也就是经济增长与经济周期是辩证统一于相同的因素。资本的投资率i_K越高，经济增长速度越高，同时经济周期振荡的振幅就越大，经济稳定性就越差。相反，资本的投资率i_K越低，经济增长速度越低，同时经济周期振荡的振幅就越小，经济稳定性就越好。

第二，经济增长与经济周期的相机抉择。在经济决策中，可以相机选择，取得相对满意的经济增长和稳定性组合。

等幅振荡是一个相机抉择的边界，如果超越，则经济就会发散，就处于崩溃状态。可以由（7-2-38）式第一项中的：

$$\left[\frac{\dfrac{f_K}{\gamma}\left(1-\sqrt{1+4\dfrac{\gamma}{f_K}i_K}\right)}{2}\right]=-1 \qquad (7-2-39)$$

来确定相机抉择的临界点。由（7-2-39）式，可得：

$$-\sqrt{1+4\frac{\gamma}{f_K}i_K}=-2\frac{\gamma}{f_K}-1$$

可得：

$$\sqrt{1+4\frac{\gamma}{f_K}i_K}=1+2\frac{\gamma}{f_K}$$

得：

$$1 + 4\frac{\gamma}{f_K}i_K = \left(1 + 2\frac{\gamma}{f_K}\right)^2 = 1 + 4\frac{\gamma}{f_K} + 4\left(\frac{\gamma}{f_K}\right)^2$$

得：

$$\frac{\gamma}{f_K}i_K = \frac{\gamma}{f_K} + \left(\frac{\gamma}{f_K}\right)^2$$

得：

$$i_K = \frac{\gamma}{f_K} + 1 \qquad\qquad (7-2-40)$$

（7-2-40）式是发散振荡的临界资本投资率（i_K）即：

当：

$$i_K = \frac{\gamma}{f_K} + 1$$

时，总供给等幅振荡，宏观经济运行处于发散的临界点。

当：

$$i_K > \frac{\gamma}{f_K} + 1$$

时，总供给发散振荡，宏观经济运行就会处于发散状态。

当：

$$i_K < \frac{\gamma}{f_K} + 1$$

时，总供给收敛振荡，从长期来讲，宏观经济运行会处于收敛的状态。

在一般情况下，资本投资率为：

$$i_K = \frac{I}{K} < 1$$

所以，一般情况下，总供给会处于长期收敛状态，如图7-2-5所示。但是，在振荡的前几个周期，如果振幅较大，加之预期形成等其他相关因素的作用，就会导致宏观经济不稳定。因此，资本投资率（i_K）的相机抉择是宏观经济调控的一个至关重要的问题。

三、考虑到预期形成的总需求不足
状态下的经济波动与周期

马克思指出："利润率，是资本主义生产的刺激（因为资本的增殖是资本主义生产的唯一目的）"，[①] 因此，"生产的扩大或缩小，……按照资本主义的说法，取决于利润以及这个利润和所使用的资本之比，即一定水平的利润率。"[②] 利润率对资本主义生产的刺激，对生产扩大或缩小的作用，是通过作为社会生产微观主体的每一个单个资本家（企业）的行为实现的，是通过每一个单个资本家（企业）对利润率的认知和预期而进行的操作来实现的。从根本上讲，利润率对资本主义生产的刺激和对生产扩大或缩小的作用，是由客观的实际利润已决定；而在实践过程中，则是通过每一个单个资本家（企业）的预期利润率来实现。

在市场经济中，利润率对社会生产扩大或缩小的作用，是通过作为社会生产微观主体的每一个单个企业所有者的行为实现的，是通过每一个单个企业所有者对利润率的认知和预期而进行的操作来实现的。从根本上讲，利润率对社会生产的刺激和对生产扩大或缩小的作用，是由客观的实际利润已决定；而在实践过程中，则是通过每一个单个企业所有者的预期利润率来实现。

因此，企业所有者的预期利润率，对于现实的经济运行，对于经济增长与周期，有着重要的影响。在前面揭示的总需求不足状态下的经济增长与周期（7-2-38）式基础上，在预期利润率共同作用下，形成

---

① 马克思恩格斯全集：第 25 卷 [M]. 北京：人民出版社，1975：270.
② 马克思恩格斯全集：第 25 卷 [M]. 北京：人民出版社，1975：288.

一个正反馈系统，在一定条件下，会导致系统发散，导致宏观经济的不稳定，甚至导致经济危机。

（一） 投资与预期利润率的函数关系

生产的扩大是通过投资来实现，投资是在预期利润率的刺激下进行的，因此，投资是预期利润率的函数，即：

$$I = I(\pi'_e) \tag{7-3-1}$$

（7-3-1）式等号左边的 I 是投资量，等号右边的 I 是函数符号。将（7-3-1）式代入资本投资率（2-3-14）式：

$$i_K = \frac{I}{K} \tag{2-3-14}$$

有：

$$i_K = \frac{1}{K} I(\pi'_e)$$

上式也可以写为：

$$i_K = \mu \pi'_e \tag{7-3-2}$$

其中：

$$\mu = \frac{i_K}{\pi'_e} \tag{7-3-3}$$

是投资的预期利润率诱导系数。在一般情况下，有：

$$\mu > 0 \tag{7-3-4}$$

可以简单地假定，资本家根据前一期的利润率来预期本期的利润率，即：

$$\pi'_e = \pi'_{t-1} \tag{7-3-5}$$

将（7-3-5）式代入（7-3-2）式，有：

$$i_K = \mu \pi'_{t-1} \tag{7-3-6}$$

（7-3-1）式、（7-3-2）式和（7-3-6）式分别表示了投资与预期利润率的函数关系。

（二）预期利润率与经济总量（社会生产）的函数关系

预期利润率与社会生产即宏观经济状况相关。当社会经济总量高时，会有高的预期利润率；当社会经济总量低时，则会有低的预期利润率。在假定需求缺口不变的条件下，可以用总供给量表示社会经济总量，有：

$$\pi_e' = \lambda S \qquad (7-3-7)$$

（7 - 3 - 7）式表示了预期利润率与经济总量（社会生产）的函数关系，其中：

$$\lambda = \frac{\pi_e'}{S} \qquad (7-3-8)$$

是总供给的预期利润率系数，假定为常数，在正常情况（非极端情况）下，有：

$$\lambda > 0 \qquad (7-3-9)$$

根据（7 - 3 - 7）式，有：

$$\frac{\partial \pi_e'}{\partial S} = \lambda > 0 \qquad (7-3-10)$$

（三）总需求不足状态下的经济波动与周期

（7 - 3 - 7）式说明，预期利润率 π_e' 与总供给量（S）正向相关，总供给量（S）高则预期利润率 π_e' 高，总供给量（S）低则预期利润 π_e' 低；（7 - 3 - 2）式说明，资本投资率 i_K 与预期利润率 π_e' 正向相关，预期利润率 π_e' 高则资本投资率 i_K 高，预期利润率 π_e' 低则资本投资率 i_K 低。因此，在预期利润率的中介下，资本投资率 i_K 与总供给量（S）正向相关，总供给量（S）高则资本投资率 i_K 高，总供给量（S）低则资本投资率 i_K 低。

将（7 – 3 – 7）式代入（7 – 3 – 2）式，得：

$$i_K = \mu\lambda S \qquad\qquad (7 - 3 - 11)$$

根据（7 – 3 – 4）式和（7 – 3 – 9）式，有：

$$\mu\lambda > 0 \qquad\qquad (7 - 3 - 12)$$

（7 – 3 – 11）式和（7 – 3 – 12）式表示了资本投资率（i_K）与总供给量（S）正向相关的关系。

综合（7 – 3 – 11）式和（7 – 2 – 38）式及其分析，可见：

一方面，（7 – 2 – 38）式及其分析说明，资本的投资率 i_K 越高，经济增长速度越高，同时经济周期振荡的振幅就越大，经济稳定性就越差。另一方面，（7 – 3 – 11）式表明，在预期利润率的中介下，资本投资率 i_K 又与总供给量（S）正向相关，总供给量（S）高则资本投资率 i_K 高。由此，在预期利润率的作用下，高的总供给量（S）会导致资本投资率 i_K 进一步提高，从而导致经济增长速度提高，经济周期振荡的振幅扩大，经济稳定性变差，甚至系统崩溃。

实际上，这个过程构成一个闭环的正反馈系统。这个闭环的正反馈系统可以用图 7 – 3 – 1 来表示。

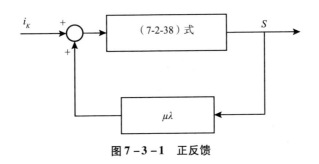

图 7 – 3 – 1　正反馈

图 7 – 3 – 1 中，一方面，资本投资率 i_K 通过主回路（7 – 2 – 38）

式决定总供给 S，并与总供给 S 正向相关；另一方面，总供给 S，通过由预期利润率产生的正反馈回路（7-3-11）式，又决定资本投资率 i_K，并与资本投资率 i_K 正向相关（$\mu\lambda$）。这两方面构成一个闭环正反馈系统。在预期利润率产生的正反馈回路（7-3-11）式作用下，经济增长速度提高，经济周期振荡的振幅扩大，甚至发散，经济稳定性变差，在一定条件下甚至导致系统崩溃，即经济危机，如图 7-3-2 所示。

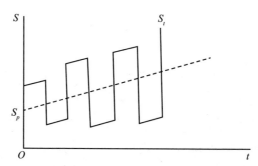

图 7-3-2　预期利润率正反馈作用下的经济增长与周期

由此可见，在投资由作为社会生产微观经济主体的每一个单个企业所有者预期利润率决定的经济体系中，社会经济周期性运行会出现发散状态，这将导致经济危机。

避免社会经济周期性运行出现发散状态和由此导致经济危机的方法，具体有三类：一是在系统内部设计一个负反馈环节，使系统成为负反馈系统，这样社会经济的周期性运行成为收敛状态，会导致社会经济系统的稳定性增强；二是对社会经济系统进行外部干预，由此保证社会经济系统的稳定性；三是改变投资作为社会生产微观经济主体的每一个单个资本家（企业）预期利润率决定的经济体制。在后续的研究中，我们将专门讨论避免社会经济周期性运行出现发散状态和由此导致经济危机的方法。

本书讨论的是在总需求不足条件下经济增长与周期的运行原理，揭示相应的客观规律，属于科学的范畴。对避免社会经济周期性运行出现发散状态和由此导致经济危机方法的讨论，设计相应的解决方案，则属于工程的范畴。

索引：符号一览

a——劳动者的熟练程度

α_f——资本劳动系数，即单位资本对应的劳动量

$$\alpha_f = \frac{L}{K} \qquad\qquad (2-3-11)$$

资本产出率与劳动生产率的比例

$$\alpha_f = \frac{f_K}{f} \qquad\qquad (5-2-7)$$

α_k——单位生产规模的资本量

$$\alpha_k = \frac{K}{A} \qquad\qquad (2-3-3)$$

α_l——社会生产规模产出率与劳动生产率的比例

$$\alpha_l = \frac{f_A}{f} \qquad\qquad (2-1-8)$$

单位社会生产规模的劳动者人数，社会生产规模的劳动者系数

$$\alpha_l = \frac{f_A}{f} = \frac{L}{A} \qquad\qquad (2-1-11)$$

$$\gamma = \frac{c_v + (c_\pi + \varepsilon_\pi i_\pi) m'}{1 + \eta} \qquad\qquad (7-2-3)$$

$$\gamma_f = \frac{f_K}{-\gamma} \qquad\qquad (7-2-8)$$

$$\gamma_E = \frac{E_{d,t}}{-\gamma} \qquad (7-2-10)$$

ε_d——总需求缺口率

$$\varepsilon_d = \frac{E_d}{S} \times 100\% \qquad (1-2-2)$$

ε_π——预期利润率效应系数，投资需求源泉转化为实际投资需求的比例

$$\varepsilon_\pi = \frac{D_{\pi l}}{D_{\pi lo}} \qquad (4-3-13)$$

η——资本有机构成

$$\eta = \frac{K_c}{K_v}$$

π——利润

π'——利润率

π'_e——预期利润率

μ——投资的预期利润率诱导系数

$$\mu = \frac{i_K}{\pi'_e} \qquad (7-3-3)$$

λ——总供给的预期利润率系数

$$\lambda = \frac{\pi'_e}{S} \qquad (7-3-8)$$

A——社会生产规模

c_v——工资消费强度系数，即单位工资中用于消费的比例

c_π——利润的消费强度

D——绝对总需求

D_v——工资消费需求，来自工资的总需求部分

D_{vg}——货币表现的工资消费需求

D_π——利润引致需求，来自利润的总需求部分

$D_{\pi c}$——利润消费需求，来自利润的总需求部分中用于消费的部分

$D_{\pi I}$——来自利润的总需求部分中用于投资的部分，投资需求

$$D_{\pi I} = I \qquad\qquad (2-4-6)$$

$D_{\pi Io}$——投资需求源泉

E_d——总需求缺口

$$E_d = S - D \qquad\qquad (1-2-1)$$

$E_{dI,t}$——投资引致的总需求缺口

$$E_{dI,t} = S_{I,t}(\pi') - D_{\pi I,t}(\pi') \qquad\qquad (2-4-11)$$

e_d——总需求供给率

$$e_d = \frac{D}{S} \times 100\% \qquad\qquad (1-2-3)$$

f——社会劳动生产率

$$f = \frac{S}{L} \qquad\qquad (2-1-1)$$

f_A——社会生产规模产出率

$$f_A = \frac{S}{A} \qquad\qquad (2-1-4)$$

f_K——资本产出率

$$f_K = \frac{S}{K} \qquad\qquad (5-2-4)$$

f_t——劳动单位时间的产出量，用劳动时间表示的劳动生产率

$$\frac{1}{t_l}f = \frac{S}{T_l} = f_t \qquad\qquad (2-1-19)$$

f_v——生产工资品的劳动生产率

$$f_v = \frac{Q_w}{K_v}$$

g——管理水平

g_v——单位价值对应的货币量

H——经济外的因素

I——投资量

i_π——利润的投资强度，利润的投资系数

i_K——表示资本投资率（资本积累率）

$$i_K = \frac{I}{K} \qquad (2-3-14)$$

K——资本量

K_c——不变资本

k_c——不变资本转移的产品中的价值量

$$k_c = S - (K_v + m) \qquad (7-2-21)$$

K_v——可变资本，工资量

K_{vg}——用货币表现的可变资本，货币工资

L——劳动者人数，总就业量

m——剩余价值量

m'——剩余价值率

$$\frac{m}{K_v} = m' \qquad (4-1-8)$$

p——Q 的价格

p_v——Q_v 的价格

Q——国民收入的使用价值量（假定只有一种）

Q_v——构成可变资本的使用价值数量（假定只有一种）

S——绝对总供给，社会总产出量

s——科学的状态

T_L——社会总活劳动时间

t——技术状态

t_l——表示平均单个劳动者的劳动时间

$$t_l = \frac{T_L}{L} \qquad (2-1-15)$$

V_g——用货币度量的国民收入

w——工资率，即单个工人（单位时间）的工资

$$w = \frac{K_v}{L} \qquad (5-2-26)$$

w_g——货币工资率

$$w_g = \frac{K_{vg}}{L} \qquad (3-3-14)$$

$\vec{x} = (x_1，x_2，\cdots，x_n)$ ——n 种生产资料的数量

参 考 文 献

1. 马克思恩格斯全集：第 23 卷 ［M］. 北京：人民出版社，1972.

2. 马克思恩格斯全集：第 24 卷 ［M］. 北京：人民出版社，1972.

3. 马克思恩格斯全集：第 25 卷 ［M］. 北京：人民出版社，1975.

4. 马克思恩格斯全集：第 26 卷 ［M］. 北京：人民出版社，1975.

5. 白瑞雪，白暴力. 马克思宏观经济系统模型 ［M］. 北京：经济科学出版社，2018.

6. 白瑞雪，白暴力. Marx's Macroeconomic System Mode ［M］. 北京：经济科学出版社，2022.

7. 白暴力，白瑞雪. 现代产权理论与中国产权制度改革 ［M］. 北京：中国经济出版社，2016：232.

8. 白暴力，白瑞雪. 马克思宏观供给与均衡模型的系统构建 ［J］. 福建论坛，2018（2）：12－19.

9. 白暴力. 劳动生产率与科学、技术、管理等在生产中的作用 ［J］. 教学与研究，2003（1）：69－70.

10. 白暴力. 马克思工资市场定位模型 ［J］. 当代经济研究，2010（5）：1－5.

11. 白瑞雪，白暴力. 资本—雇佣劳动制度中社会消费需求被约束并向下运行的趋势 ［J］. 福建论坛，2010（11）：43－47.

12. 白暴力，白瑞雪. 投资增长与周期统一模型 ［J］. 中国高校社会科学，2013（3）：125－158.

13. 刘涤源. 反通货膨胀论［M］. 广州：广东人民出版社，1992.

14. 唐·帕尔伯尔，通货膨胀的历史与分析［M］. 孙忠，译. 北京：中国发展出版社，1998.

15. 蒋中一. 数理经济学的基本方法［M］. 北京：商务印书馆，1999.